ECHT

JAPANISCH

KOCHEN

Kaori und Kiyoko Endo

ECHT JAPANISCH KOCHEN

FOTOGRAFIE

Iris L. Sullivan

CHRISTIAN

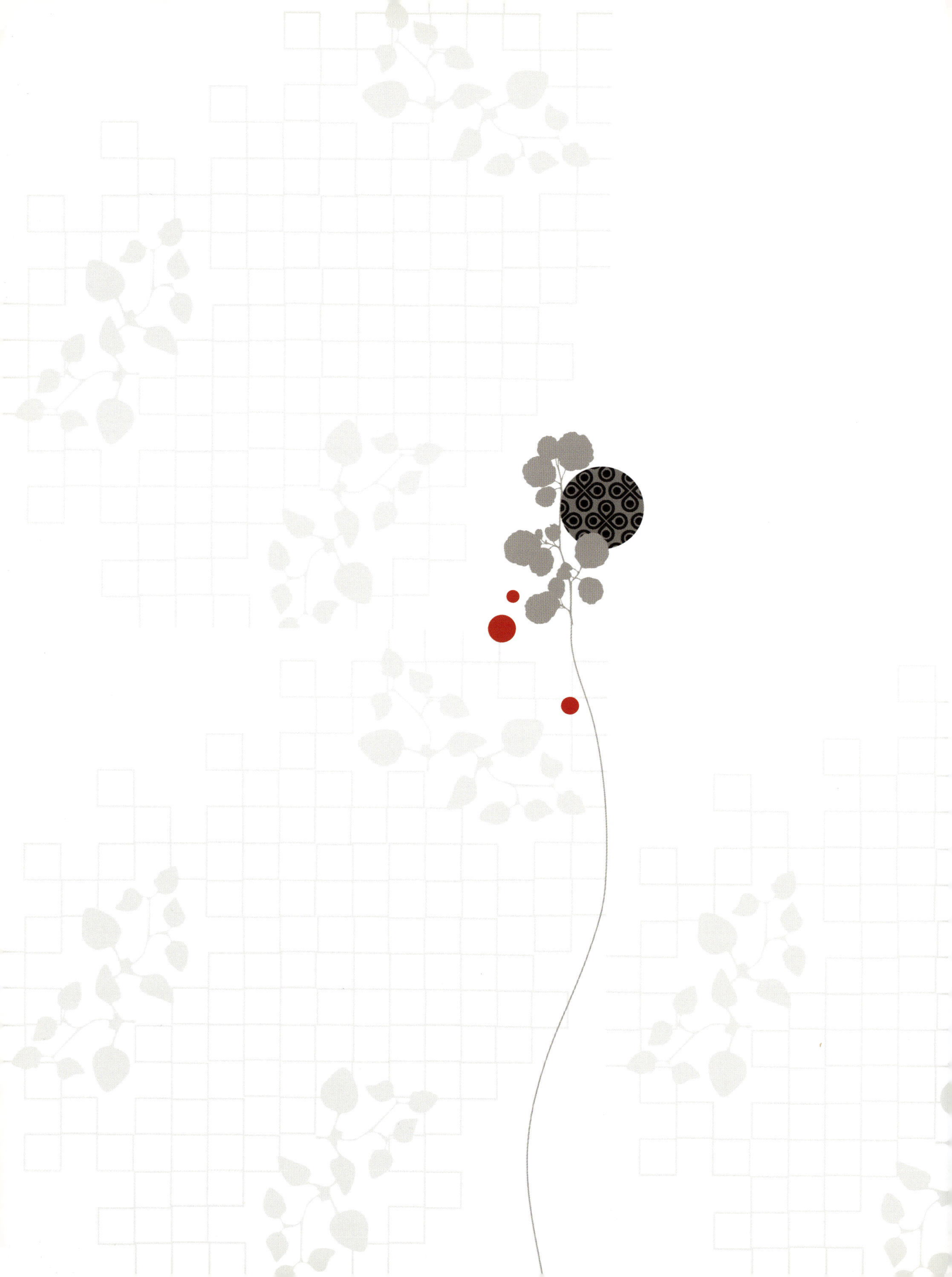

Inhalt

DIE KÜCHE FÜR ALLE TAGE

SPRICHT MAN ÜBER DIE JAPANISCHE KÜCHE, KOMMEN EINEM UNWEIGERLICH SOFORT REIS UND DASHI IN DEN SINN, JENE ZWEI GRUNDZUTATEN, DIE BESTANDTEIL FAST JEDER JAPANISCHEN MAHLZEIT SIND.

GRUNDZUTATEN

Reis ist die Quelle der Inspiration, er ist das zentrale Element des Essens und Dreh- und Angelpunkt für die Zusammenstellung eines Menüs. Dashi hat dagegen die Aufgabe, den vielfältigen „Beigaben", von Suppen über Salate bis zu Geschmortem, Aroma und Körper zu verleihen.

Als meine Brüder und ich noch zur Schule gingen, stand unsere Mutter immer sehr früh auf, um das Frühstück und unsere Bentos, das „Schulbrot", vorzubereiten. Als Erstes, wenn sie in die Küche hinunterging, schaltete sie den Reiskocher ein. Der Reis, den sie bereits am Abend zuvor gewaschen und eingeweicht hatte, benötigte 45 Minuten, genügend Zeit, um sich inzwischen um die *okazu*, die Beigaben, zu kümmern. Wenn sich dann später die gesamte Familie um den Tisch versammelte, blieb nur meine Mutter stehen, um unsere Bento-Boxen zu füllen. Manchmal wurde ich nachts von dem Geräusch wach, das sie beim Reiswaschen verursachte. Das scharrende Reiben der Körner zwischen ihren Händen und das Plätschern des Wassers gaben mir ein Gefühl der Geborgenheit und wiegten mich wieder in den Schlaf. Und wenn ich am Morgen die Augen öffnete, erfüllte bereits der herrliche Duft von kochendem Reis die Luft. Reis ist in Japan allgegenwärtig.

Reis

FÜR 4 PERSONEN

500 ml japanischer Reis
600 ml Wasser
1 Topf mit dickem Boden oder Reiskocher

*** Tipp meiner Mutter**

Damit der Reis nicht ansetzt und braun wird, ist es ratsam, ihn vor Schritt 7 in einen anderen Topf umzufüllen.

1. Den Reis in eine Schüssel geben, kaltes Wasser zugießen und dabei mit einer Hand ständig rühren. Das Wasser behutsam abgießen, ohne den Reis auszuschütten. Diesen Vorgang dreimal wiederholen.
2. Die Reiskörner aneinanderreiben, um anhaftende Stärke zu entfernen, und erneut abspülen. Diesen Vorgang ebenfalls dreimal wiederholen.
3. Zuletzt den Reis noch zwei- bis dreimal wie in Schritt 1 beschrieben waschen, bis das Wasser nahezu klar bleibt. Anschließend in einem Sieb abtropfen lassen.
4. Den Reis in einen Topf oder einen Reiskocher geben. Das Wasser zugießen und zugedeckt mindestens 30 Minuten quellen lassen. Wenn Sie mit einem Reiskocher arbeiten, das Gerät einschalten und anschließend direkt mit Schritt 7 fortfahren. Wenn Sie einen Topf verwenden, den Deckel abnehmen und den Reis bei mittlerer Hitze zum Kochen bringen.
5. Sobald das Wasser aufwallt, den Reis mit einem Holzspatel zügig umrühren, damit er nicht verklumpt. Anschließend nicht mehr rühren, sonst wird er pappig.
6. Den Deckel auflegen, die Hitze auf die kleinste Stufe stellen und den Reis 15 Minuten garen.
7. Den Reis mit einem Holzspatel vorsichtig durchheben und mit einem sauberen Küchentuch bedecken. Den Deckel auflegen, den Herd ausschalten und weiterte 15 Minuten quellen lassen.

Dashi ist *die* Grundbrühe in der japanischen Küche. Für uns hat sie die gleiche Bedeutung wie in der französischen Küche der Geflügel- oder Kalbsfond.

Basis-Dashi: Dashi wird in ihrer einfachsten Form mit Kombu (Zuckerriementang) und Katsuobushi zubereitet. Bei Katsuobushi handelt es sich um Bonitofilet, das zunächst in Wasser gegart, anschließend geräuchert, dann getrocknet und fermentiert wird, ein Herstellungsprozess, der bis zu sechs Monate dauern kann. Früher besaß jeder Haushalt einen speziellen Hobel, auf dem das Katsuobushi je nach Bedarf in feine Späne gehobelt wurde. Heute werden Bonitoflocken bereits gebrauchsfertig in Tüten angeboten.

Dashi

FÜR 4 PERSONEN

Ergibt 900 ml
10 g Kombu (Zuckerriementang)
1 l Wasser
30 g Katsuobushi (getrocknete Bonitoflocken)

1. Den Kombu in einem Topf 30 Minuten in dem Wasser einweichen.
2. Die Mischung auf mittlerer Stufe langsam erhitzen. Kurz bevor das Wasser aufkocht, den Kombu herausnehmen. Lassen Sie ihn zu lange darin, wird die Dashi bitter.
3. Die Bonitoflocken in die Brühe einrühren und den Topf sofort von der Kochstelle nehmen.
4. Die Brühe ziehen lassen, bis sich die Bonitoflocken am Topfboden abgesetzt haben, anschließend durch ein mit einem Tuch ausgelegtes Sieb passieren.

* Tipp meiner Mutter

Zeigt sich ein weißlicher Belag auf dem Kombu, sollten Sie ihn auf keinen Fall abwaschen. Es sind Umami-Kristalle, eine Art natürliches Glutamat, das neben süß, sauer, salzig und bitter gewissermaßen als „fünfter Geschmack" gilt. Reiben Sie den Kombu einfach mit einem sauberen Tuch leicht ab. Dashi hält sich wie hier zubereitet drei Tage im Kühlschrank, lässt sich aber auch problemlos einfrieren. Sehr praktisch dafür sind Eiswürfelbehälter, so lässt sich die Brühe ganz einfach portionieren, wenn eine Marinade oder eine Sauce nach einer Dosis verlangt. Den Kombu sollten Sie anschließend nicht wegwerfen. Ich friere ihn ein, bis sich genug davon angesammelt hat, um *tsukudani*, eine Art süßsalzigen Salat aus eingekochten Meerespflanzen, zu bereiten. Dazu schneide ich den Kombu in kleine Quadrate und gare ihn auf kleiner Flamme in einer Mischung aus Sake, Sojasauce und Zucker. An faulen Tagen oder wenn die Zeit knapp ist, können Sie zu Instant-Dashi greifen, die in Pulverform oder als Flüssigkonzentrat zum Auflösen in Wasser angeboten wird.

Anders als eine französische Bouillon, die aus einer Vielzahl von Zutaten zubereitet wird und Stunden benötigt, erfordert Dashi nur ein paar Minuten und ganze ein oder zwei Zutaten: Kombu (essbare Algenart) und wahlweise Katsuobushi (getrocknetes, geräuchertes und fermentiertes Bonitofilet) oder Hoshi-Shiitake (getrocknete Shiitake-Pilze), Produkte, die alle reich an Aminosäuren sind. Doch so schnell und einfach die Zubereitung von Dashi ist, so langwierig ist die Herstellung der dafür erforderlichen Trockenprodukte.

二、九〇〇
京都・錦市場
島本海苔乾物(株)
☎075-211-0291
ホームページ http://
www.shimamotonori
-kanbutsu.co.jp
鹿児島産
鹿児島産
鹿児島産
三、七五〇
京都・錦市場
島本海苔乾物(株)
☎075-211-0291
ホームページ http://
www.shimamotonori
-kanbutsu.co.jp

FUKUSAÏ

BEILAGEN, SUPPEN UND KLEINE GERICHTE

In Japan besteht eine typische Mahlzeit *(ichiju issaï)* neben dem obligatorischen Reis aus einer Suppe und einem weiteren Gericht. Als meine Mutter noch ein Kind war, waren dies zumeist kleine Gerichte auf Gemüse- oder Algenbasis. Heute umfasst eine Mahlzeit gewöhnlich eine Suppe und zwei Gerichte *(ichiju nisaï)*. Zu Reis, Miso-Suppe und Gemüse serviert man noch ein eiweißreiches Gericht mit Fleisch oder Fisch.

Suppen und kleine Gemüsegerichte sind die „Beilagen" der häuslichen japanischen Küche. Während einige das ganze Jahr über auf den Tisch kommen, variieren andere je nach Jahreszeit und Marktangebot.

白こがね味噌
信州こがね味噌
長期熟成信州赤味噌
500g ¥840
1kg ¥1595
2kg ¥2780
500g ¥995
1kg ¥1730
2kg ¥3200

Diese Suppe ist für uns Japaner das, was die Lauch-Kartoffel-Suppe für die Franzosen ist, kurzum, es ist die einfachste aller Miso-Suppen. Wakame-Algen werden in verschiedenen Handelsformen angeboten, am einfachsten zu verarbeiten sind bereits vorgeschnittene getrocknete Algen. Bei Miso, einer Paste aus fermentierten Sojabohnen, sollte man verschiedene Marken ausprobieren und das Produkt verwenden, das einem am meisten zusagt. Wer die Suppe erst einmal beherrscht, kann die Zutaten variieren.

TÔFU TO WAKAME NO MISOSHIRU

Miso-Suppe
mit Tofu und Wakame

FÜR 4 PERSONEN

800 ml Dashi (Seite 15)
300 g Tofu, in kleine Würfel geschnitten
3 EL getrocknete Wakame
3–4 EL Miso
Das Weiße von 1 Lauchstange, in feine Streifen geschnitten

1. Die Dashi in einem Topf mit den Tofu-Würfeln und der Wakame vermengen und bei starker Hitze zum Kochen bringen.
2. Sobald die Flüssigkeit kocht, die Hitze herunterstellen und mit einer Kelle den Schaum abschöpfen.
3. Das Miso zugeben. Damit es sich vollständig auflöst, ohne Klümpchen zu bilden, gibt man es am besten in ein Sieb, taucht es in die Suppe und zerdrückt die Paste darin mit einem Stößel. Sie können sie auch in einer Kelle Brühe auflösen und dann unterrühren. Die Suppe abschmecken.
4. Die Suppe von der Kochstelle nehmen, die Lauchstreifen hineingeben und sofort servieren.

*** Tipp meiner Mutter**

Bei allen Miso-Suppen darf das Miso erst im allerletzten Moment, wenn sämtliche Zutaten bereits gegart sind, zugegeben werden. Anschließend darf die Suppe nicht mehr kochen, sonst nimmt sie einen eigenartigen Geschmack an.

Die tägliche Miso-Suppe beschäftigt meine Mutter jeden Morgen und jeden Abend. Meistens inspiziert sie den Inhalt des Kühlschranks und entscheidet dann, was hineinkommt. Nur selten geht sie für ihre Suppe extra einkaufen, es sei denn, sie benötigt Muscheln, das ist dann etwas anderes. Wenn ich dabei bin, fragt sie mich jedes Mal, bevor sie das Paket Venusmuscheln in den Einkaufswagen legt: „Heute Abend Miso-Suppe mit Muscheln?" Dabei weiß sie, dass die Antwort sowieso immer Ja! ist.

ASARI NO MISOSHIRU

Miso-Suppe mit Venusmuscheln

FÜR 4 PERSONEN

1 Blatt Kombu von 5 cm Kantenlänge
600 ml Wasser
1 EL Sake
300 g Venusmuscheln, gewaschen
2 EL Miso
1 Bund Schnittlauch (oder einige Zweige Koriandergrün), klein geschnitten

1. Den Kombu in einem Topf 30 Minuten in dem Wasser einweichen.
2. Die Mischung auf mittlerer Stufe langsam erhitzen. Den Kombu, kurz bevor das Wasser zu kochen beginnt, wieder herausnehmen.
3. Den Sake und die Venusmuscheln hineingeben und garen, bis sich die Muscheln geöffnet haben. Muscheln, die sich nicht öffnen, wegwerfen.
4. Das Miso wie in Schritt 3 des Rezeptes auf Seite 21 beschrieben in der Suppe auflösen und den Topf sofort von der Kochstelle nehmen.
5. Den Schnittlauch oder das Koriandergrün in die Suppe geben und sofort servieren.

* Tipp meiner Mutter

Da die Muscheln in der Brühe bereits für ausreichend Würze sorgen, benötigt man keine Dashi. Außerdem wird die Miso-Menge reduziert, um den feinen Geschmack der Suppe nicht zu überlagern.

Sesamsauce ist gewissermaßen die Vinaigrette der japanischen Küche. Das ganze Jahr kommt sie zum Einsatz, um alle möglichen Arten von meist gegarten Gemüsegerichten zu würzen und *goma-ae*, farbenprächtige Salate mit Sesam, zuzubereiten. Der aromatische Sesam unterstreicht den Eigengeschmack des Gemüses und liefert Proteine, an denen es in früheren Zeiten in der Ernährung der Japaner oft mangelte.

INGEN NO GOMA-AE

Grüne Bohnen mit Sesamsauce

FÜR 4 PERSONEN

200 g grüne Bohnen
1 TL Salz für das Kochwasser
40 g Sesamsamen (wahlweise weiße oder schwarze)
1 EL Zucker
4 EL Dashi (Seite 15)
2 EL Sojasauce

1. Die Bohnen entstielen und in zwei oder drei Stücke schneiden. Wenn genügend Zeit ist, die Bohnen für 10 Minuten in kaltes Wasser legen, so werden sie besonders knackig.
2. Die Bohnen in kochendem Salzwasser 4–5 Minuten blanchieren, in einem Sieb abtropfen und unter fließendem kaltem Wasser abschrecken.
3. In einer Pfanne die Sesamsamen bei starker Hitze rösten, achtgeben, dass sie nicht verbrennen. Abkühlen lassen und im Mörser oder im Mixer zermahlen.
4. Den Zucker, die Dashi, die Sojasauce und die zermahlenen Sesamsamen verrühren.
5. Die Sesamsauce über die grünen Bohnen gießen und abschmecken.

*** Tipp meiner Mutter**

Wenn Sie Dashi eingefroren haben, nehmen Sie einfach einen Dashi-Eiswürfel für dieses Rezept. Oder Sie lösen eine Prise Instant-Dashi in der angegebenen Menge Wasser auf.

Von den zahlreichen Sorten Trockengemüse verwendet meine Mutter den Kiriboshi-Daikon am häufigsten. Während er unter der Wintersonne langsam trocknet, büßt der Rettich seine Schärfe ein und wird wunderbar mild. Arm an Kalorien und reich an Eisen, Kalzium und Ballaststoffen, ist der Kiriboshi-Daikon ein ausgesprochen gesundes Lebensmittel. Nur kurz eingeweicht und rasch blanchiert, verleiht er Salaten einen wunderbar knackigen Biss. Meine Mutter gart ihn vorzugsweise in Geflügelbrühe. Dies ist übrigens eines meiner Lieblingsgerichte.

KIRIBOSHI DAÏKON NO NIMONO

Getrockneter Daikon-Rettich in Hühnerbrühe

FÜR 4 PERSONEN

1 Blatt Kombu von 5 cm Kantenlänge
50 g Kiriboshi-Daikon (Asia-Laden)
1 Karotte
1 EL Pflanzenöl
4 Hähnchenflügel
2 EL Sake
1 EL Zucker
1 EL Mirin
2 EL Sojasauce

1. In einer Schüssel den Kombu 30 Minuten in 500 Milliliter Wasser einweichen.
2. Den Kiriboshi-Daikon abspülen und anschließend 15 Minuten in lauwarmem Wasser einweichen. Abtropfen, gut ausdrücken und in fünf Zentimeter lange Streifen schneiden.
3. Die geschälte Karotte und den eingeweichten Kombu in Julienne (feine Streifen) schneiden; das Einweichwasser zurückbehalten.
4. Das Öl in einem Topf auf großer Stufe erhitzen und die Hähnchenflügel von beiden Seiten braun anbraten. Herausnehmen und beiseitelegen.
5. Den Kiriboshi-Daikon sowie die Karotten- und Kombu-Streifen in den Topf geben und bei mittlerer Hitze 2 Minuten anschwitzen.
6. Die Hähnchenflügel wieder einlegen. Das Kombu-Wasser, den Sake, den Zucker und den Mirin zugeben, zum Kochen bringen und abschäumen. Die Sojasauce unterrühren.
7. Einen Deckel, der im Durchmesser etwas kleiner als der Topf ist, einlegen und 15 Minuten auf kleiner Flamme köcheln lassen.
8. Die Suppe abschmecken und servieren.

*** Tipp meiner Mutter**

Die Technik des *otoshi buta* – wörtlich „gefallener Deckel" (Schritt 7) – wird oft bei geschmorten oder gedünsteten Gerichten eingesetzt. Auf diese Weise lassen sich Zutaten auch in wenig Flüssigkeit rasch und schonend garen. Wenn Sie die Suppe vor dem Servieren noch eine Weile ziehen lassen, schmeckt sie noch besser.

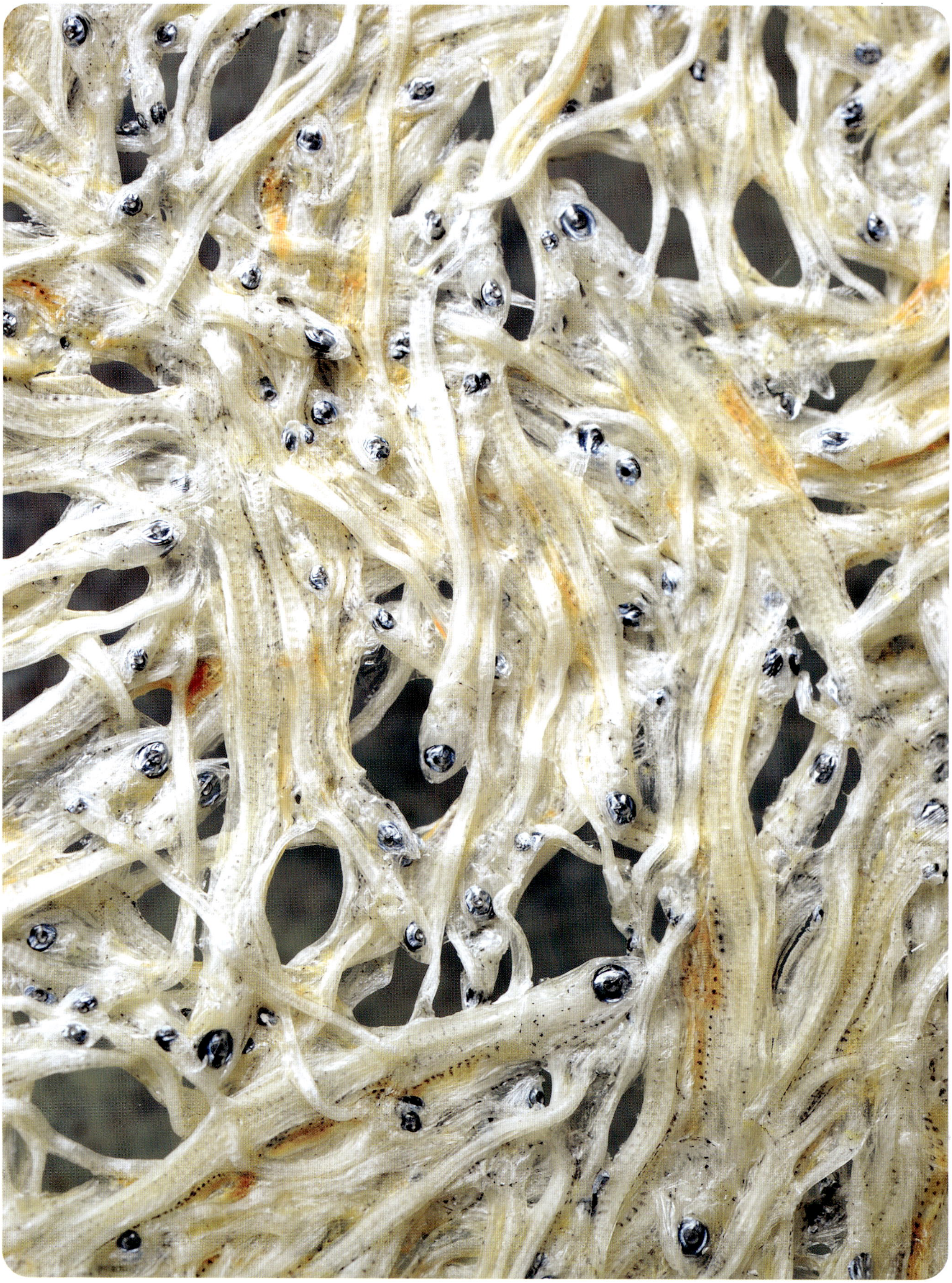

Kanbutsu, getrocknete Lebensmittel, sind in der japanischen Küche sehr verbreitet. Früher gab es in jeder Stadt mindestens einen Laden, *kanbutsuya* genannt, der sich auf getrocknete Produkte aus dem Meer und vom Land spezialisiert hatte (Fisch, Meeresfrüchte, Algen, Gemüse, Tofu, Früchte). Mittlerweile haben Supermärkte die meisten dieser Läden verdrängt, die *kanbutsu* sind dennoch nicht vom Esstisch verschwunden. Im Gegenteil! Des schier unüberschaubaren Angebots des globalisierten Marktes überdrüssig, besinnen sich die Japaner wieder auf ihre eigene Kultur und kulinarische Tradition. Und so feiern die *kanbutsu* ihre große Wiederentdeckung! Sie sind problemlos zu lagern und preiswert, dazu noch gesund und schmackhaft.

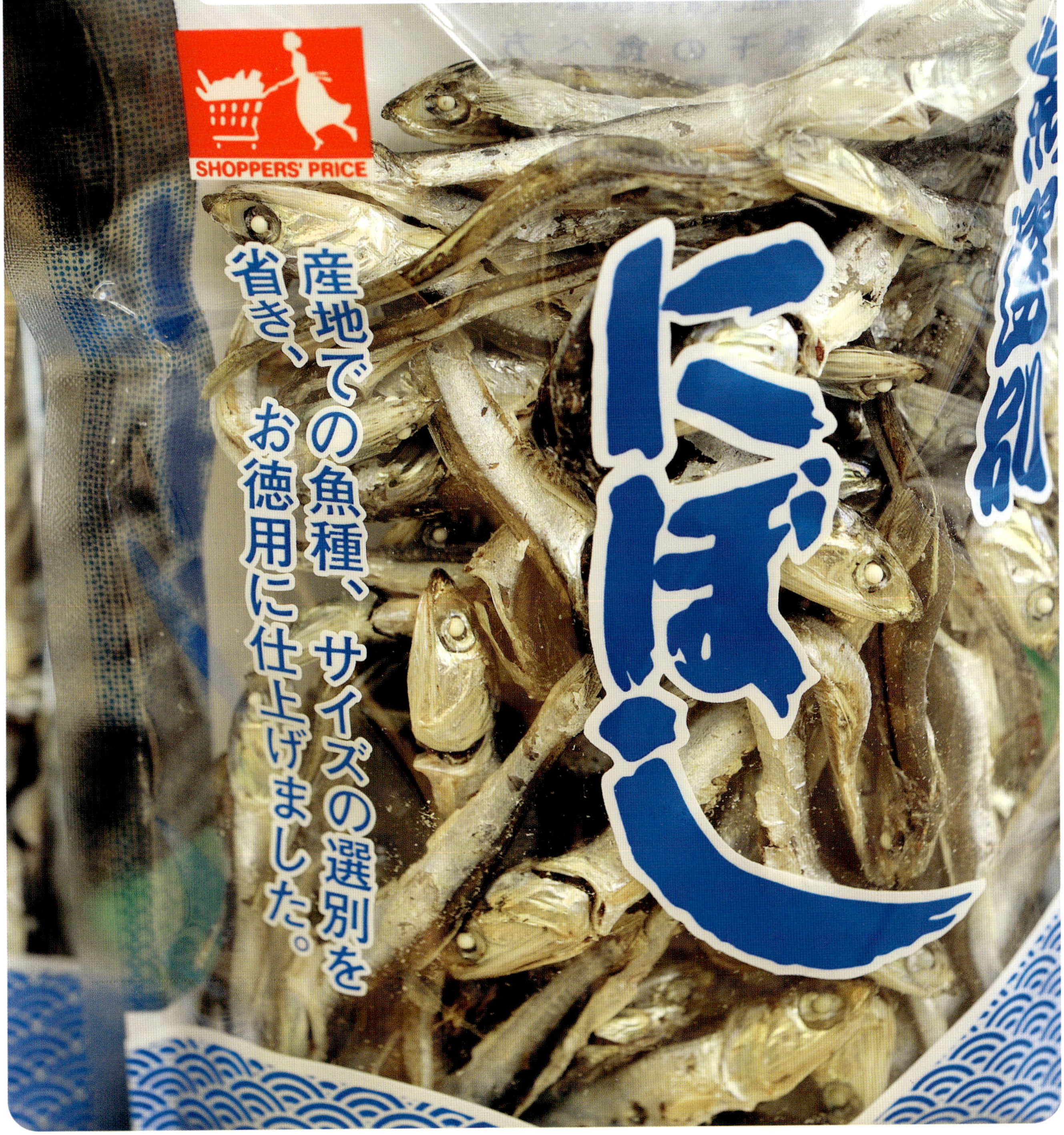

Hijiki ist eine Algenart, die besonders viele Mineralien enthält. Sie gilt schon immer als Geheimnis der Langlebigkeit. Es ist kein Zufall, dass der 15. September, ein Feiertag zu Ehren der Alten, bei uns Hijiki-Tag heißt. Der Handel bietet zwei Sorten *hijiki* an, *mehijiki* und *nagahijiki*. Erstere ist kleiner und an den Enden zugespitzt, Letztere ist länger und fleischiger. Sie schmecken beide gleich und haben die gleichen Inhaltsstoffe, denn in der Tat handelt es sich um Frucht und Stängel ein und derselben Alge. Sie haben die Wahl!

HIJIKINI

Hijiki mit frittiertem Tofu

FÜR 4 PERSONEN

50 g getrocknete Hijiki-Algen
1 Karotte
2 Stücke frittierter Tofu (*abura-age*, siehe Seite 30)
3 EL Pflanzenöl
500 ml Dashi (siehe Seite 15)
2 EL Sake
2–3 EL Zucker
4–5 EL Sojasauce

1. Die Hijiki-Algen in einer Schüssel 15 Minuten in lauwarmem Wasser einweichen. In ein Sieb gießen, unter fließendem Wasser abspülen und abtropfen lassen.
2. Die Karotte schälen und in Streifen von derselben Größe wie die Algen schneiden. Den frittierten Tofu ebenfalls in Streifen dieser Größe schneiden.
3. Das Öl in einem Topf auf mittlerer Stufe erhitzen. Die Algen, die Karotte und den Tofu darin 2 Minuten anschwitzen.
4. Die Dashi und den Sake zugießen, den Zucker unterrühren und zum Kochen bringen. Verunreinigungen mit einer Schaumkelle abschöpfen, die Sojasauce untermengen und unbedeckt auf kleiner Flamme 15 Minuten köcheln lassen.
5. Die Algen abschmecken und servieren.

*** Tipp meiner Mutter**

Geben Sie bei Gerichten dieser Art den Zucker und die Sojasauce nach und nach zu und probieren Sie, denn je mehr Flüssigkeit verkocht, desto intensiver wird der Geschmack.

Abura-age ist japanischer frittierter Tofu. Sie finden ihn in Asia-Läden im Tiefkühlregal. Alternativ können Sie auch zu chinesischem frittiertem Tofu greifen. Allerdings sind die Stücke kleiner, daher müssten Sie die Menge verdoppeln.

TRADITIONAL BREW

Gobo, die Wurzel der Großen Klette, ist vermutlich das Gemüse, bei dem im Ausland lebende Japaner am häufigsten das Heimweh überkommt. Wer es noch nie probiert hat, mag kaum glauben, dass diese runzelige Wurzel wirklich ein Gemüse ist und dass sie die Japaner derart ins Schwärmen bringt. Doch *gobo* hat tatsächlich einen feinen Geschmack, der an Schwarzwurzeln erinnert, und eine einzigartige Konsistenz. Leider wird *gobo* in Frankreich praktisch nicht angeboten, dabei wächst sie dort angeblich in Hülle und Fülle. Manch japanischer Gourmet verbringt seine Wochenenden damit, die Wälder und Wiesen nach diesem Gemüse zu durchstöbern! Warum nun dieses Rezept, wenn kaum die Chance besteht, *gobo* aufzutreiben? Weil es eines der Gerichte ist, um die ich meine Mutter jedes Mal bitte, wenn ich bei ihr bin! (Manche Asia-Läden in Deutschland bieten die Wurzel frisch an. Sie sind auch gegart in der Dose erhältlich).

KIMPIRA GOBÔ

Karamellisierte Klettenwurzeln **mit Sesamsamen**

FÜR 4 PERSONEN

2 Gobo-Wurzeln (Klettenwurzeln, etwa 250 g; Ersatz siehe „Tipp meiner Mutter")
1 Karotte
2 EL Sesamöl
1 EL Zucker
1 EL Sake
2 EL Sojasauce
1 Prise Chilipulver
1 EL geröstete Sesamsamen

1. Die Gobo-Wurzeln unter fließendem kaltem Wasser abbürsten und ungeschält in feine Streifen (Julienne) schneiden. In eine Schüssel mit kaltem Wasser legen, um einen Teil der Bitterstoffe auszuschwemmen.
2. Die Karotte schälen und wie die Gobo-Wurzeln in feine Streifen schneiden.
3. Das Sesamöl in einer tiefen Pfanne auf hoher Stufe erhitzen. Die Gobo-Wurzeln und die Karotte darin anschwitzen, den Zucker und den Sake zugeben und unter Rühren garen, bis die Flüssigkeit verdampft ist.
4. Die Sojasauce zugießen und vollständig verkochen lassen.
5. Das Chilipulver und die Sesamsamen unterrühren, abschmecken und servieren.

* Tipp meiner Mutter

Das A und O bei einem *kimpira* ist, dass das Gemüse knackig bleibt. Dazu werden die Zutaten bei starker Hitze unter ständigem Rühren gegart. Werden Gobo-Wurzeln aus der Dose verwendet, diese erst zugeben, wenn die Karotten gar sind. Auch anderes Gemüse mit kräftigem Geschmack und knackiger Konsistenz lässt sich auf diese Weise zubereiten.

Gekühlter Tofu mit Würzbeigaben

HIYAYAKKO

Tofu gehört zu den Lebensmitteln, die in keinem japanischen Kühlschrank fehlen dürfen. In kleine Würfel geschnitten wandert er in die Miso-Suppe, mit Sesamsamen zerstoßen verwandelt er sich in eine köstliche Sauce zu Spinat und in Dashi pochiert oder mit Kartoffelstärke bestäubt und frittiert wird er zu einer schmackhaften kleinen Vorspeise. Die häusliche japanische Küche wäre ohne Tofu nicht vorstellbar! Man kann ihn auf tausenderlei Arten genießen, doch am besten schmeckt er immer noch als *hiyayakko* (gekühlt mit Sojasauce), vorausgesetzt er ist frisch und von guter Qualität. Der Erfolg dieses ganz einfachen Rezeptes steht und fällt mit der Qualität der Zutaten. Sollten Sie das Glück haben, traditionell von Hand hergestellten Tofu zu finden, greifen Sie zu!

Tofu auf klassische Art

FÜR 4 PERSONEN

10 cm weißer Lauch oder eine entsprechende Menge Frühlingszwiebeln
1 Stück frischer Ingwer von der Größe eines kleinen Fingers
1 frischer Tofu (fester oder Seidentofu) von etwa 400 g
1 kleines Päckchen Katsuobushi (Bonitoflocken)
1 Spritzer Sojasauce

1. Den Lauch oder die Frühlingszwiebeln in feine Streifen schneiden. Den Ingwer schälen und raspeln.
2. Den Tofu in vier Stücke schneiden und in vier Schalen anrichten.
3. Den Lauch, den Ingwer und das Katsuobushi dekorativ auf dem Tofu arrangieren.
4. Mit einem Spritzer Sojasauce abrunden und servieren.

Tofu mit Sesamöl

FÜR 4 PERSONEN

20 cm weißer Lauch oder die gleiche Menge Frühlingszwiebeln
1 fingerdickes Stück frischer Ingwer
1 frischer Tofu (fester oder Seidentofu) von etwa 400 g
2 EL Sesamöl
1 Spritzer Sojasauce

1. Den Lauch oder die Frühlingszwiebel und den geschälten Ingwer in ganz feine Streifen schneiden.
2. Den Tofu in vier Portionen zerteilen und in vier Schalen anrichten.
3. Die Lauch- oder Frühlingszwiebelstreifen und den Ingwer auf dem Tofu verteilen.
4. Das Sesamöl in einem kleinen Topf erhitzen, bis es zu rauchen beginnt.
5. Das Öl über die Gemüsestreifen gießen.
6. Mit einem Spritzer Sojasauce abrunden und servieren.

In Japan gibt es zwei Arten von Tofu, *kinugoshi* (Seidentofu) und *momen* (fester Tofu). Kinugoshi-Tofu wird direkt nach der Dicklegung der Sojamilch, ohne abzutropfen, geschnitten und ist von glatter, samtener Konsistenz. Momen-Tofu ist dichter und fester, da die geronnene Sojamilch über Baumwolltuch (*momen* auf Japanisch) abgetropft und gepresst wird. Beide Sorten sind für dieses Rezept geeignet; es ist eine reine Frage des Geschmacks. Ich bevorzuge den würzigeren Momen-Tofu.

Tofu **nach Art meiner Mutter**

FÜR 4 PERSONEN

2 Myoga-Knospen
(siehe „Tipp meiner Mutter")
4 Shiso-Blätter
(siehe „Tipp meiner Mutter")
1 frischer Tofu (fester oder Seidentofu)
von etwa 400 g
2 EL in Sojasauce eingelegte
schwarze Bohnen (abgepackt im Asialaden
erhältlich)

1. Die Myoga-Knospen und die Shiso-Blätter in feine Streifen schneiden.
2. Den Tofu in vier Stücke schneiden und auf vier Schälchen verteilen.
3. Den Tofu dekorativ mit den schwarzen Bohnen, den Myoga-Knospen und den Shiso-Blättern garnieren und servieren.

*** Tipp meiner Mutter**

Tofu schmeckt erst so richtig mit einem Spritzer Sojasauce. Hier habe ich ihn mit eingelegten schwarzen Bohnen und mit Myoga, den essbaren Blütenknospen des japanischen Ingwers, gewürzt. Da Tofu keinen ausgeprägten Eigengeschmack hat, sollte man ihn immer mit kräftigen Kräutern und Gewürzen kombinieren. Wenn Sie keine Myoga-Knospen bekommen, nehmen Sie Frühlingszwiebeln und hauchdünn geschnittene Ingwerscheibchen.

HAUPTGERICHTE

Heutzutage wird kaum noch jemand von einer Schale Reis, einer Miso-Suppe und ein bisschen Gemüse satt. Darum gehört zu einer vollwertigen Mahlzeit mittlerweile auch ein eiweißreiches Hauptgericht mit Fisch oder Fleisch. Man serviert es traditionell auf einem Extrateller gleichzeitig mit den anderen Speisen. Der Reiz einer japanischen Tafel besteht darin, sich abwechselnd von den verschiedenen Speisen zu bedienen. Die Reihenfolge spielt keine Rolle, jeder folgt ganz dem eigenen Rhythmus und Geschmack. Es ist übrigens sehr amüsant zu beobachten, wie sich ein Japaner und ein Franzose verhalten, wenn ein komplettes Essenstablett vor ihnen steht. Der Franzose beginnt grundsätzlich mit dem Entree, geht anschließend zum Hauptgang über und beschließt das Mahl mit Käse und Dessert. Der Japaner pickt dagegen ein bisschen von diesem, ein bisschen von jenem ... das Dessert eingeschlossen.

In Japan gibt es alle möglichen Trockenfische, sowohl was die Arten als auch den Grad der Trocknung anbelangt. Die Stars unter ihnen sind die *ichiya-boshi*, Fische, die nur einen halben Tag lang trocknen. Ihr darum nur mäßig trockenes Fleisch ist wunderbar weich und doch von intensivem Geschmack. Der beliebteste ist der Stöcker (Bastardmakrele), *aji* auf Japanisch, was so viel bedeutet wie „Geschmack“. Der wegen seiner kulinarischen Qualitäten und des moderaten Preises sehr geschätzte Trockenfisch ist überall in Japan ein gängiges Produkt. Nicht so in hiesigen Breiten, darum ist hier das Rezept, anhand dessen Sie ihn selbst zubereiten können.

AJI NO HIMONO

Halbgetrockneter und gegrillter Stöcker

FÜR 4 PERSONEN

4 ganz frische Stöcker (Bastardmakrelen) je etwa 20 cm lang
50 g feines Salz
1 l Wasser

ZUM TROCKNEN

1 Schnur
4 Wäscheklammern
1 feines Netz

ZUM SERVIEREN

10 cm Daikon oder anderer milder Rettich
1 Spritzer Sojasauce (nach Belieben)
½ Limette (nach Belieben)

1. Die Stöcker an der Bauchseite vom Kopf bis zum Schwanz aufschneiden. Die Fische ausnehmen, aufklappen und unter fließendem kaltem Wasser waschen. Dabei vorsichtig die schwarze Haut in der Bauchhöhle abziehen, ohne das Fleisch zu verletzen.
2. Das Salz in dem Wasser auflösen. Die Stöcker in das Salzwasser einlegen und 45 Minuten weichen.
3. Die Schnur an einem leicht besonnten und gut belüfteten Ort spannen, z. B. vor einem geöffneten Fenster. Die Fische mithilfe der Wäscheklammern daran aufhängen, zum Schutz vor Fliegen mit einem Netz umspannen und 3–4 Stunden trocknen lassen.
4. Die getrockneten Stöcker unter dem Backofengrill von beiden Seiten goldbraun grillen. Nach der Hälfte der Garzeit wenden.
5. Die gegrillten Fische, wie sie sind, servieren oder zuvor mit etwas Sojasauce und/oder Limettensaft würzen. Dazu geschälten und fein geriebenen Daikon reichen.

*** Tipp meiner Mutter**

Auf diese Weise getrockneter Stöcker hält sich im Kühlschrank bis zu fünf Tage.

Makrele zählt zu meinen Lieblingsfischen. Sie ist schmackhaft, einfach zuzubereiten und nicht einmal teuer! Die Japaner halten große Stücke auf die Makrele und konsumieren sie in allen erdenklichen Formen: roh in Reisessig mariniert *(shime-saba)*, mit Salz gegrillt *(shio-yaki)* oder, wie hier, in einer süßsalzigen Miso-Sauce gegart. Für dieses Rezept sind große Exemplare besser geeignet, da ihr Fleisch fetter und würziger ist und der kräftigen Sauce besser standhält.

SABA NO MISONI

In Miso gegarte Makrele

FÜR 4 PERSONEN

2 große Makrelen
1 Stückchen frischer Ingwer
150 g Miso
5 EL Zucker
2 EL Sojasauce
200 ml Sake

1. Bitten Sie Ihren Fischhändler, die Makrelen auszunehmen und zu filetieren. Die Filets waschen und jeweils halbieren.
2. Den Ingwer ungeschält in dünne Scheiben schneiden.
3. In einer kleinen Schüssel das Miso, den Zucker und die Sojasauce verrühren.
4. Die Makrelenfilets nebeneinander, ohne zu überlappen, in eine große Sauteuse legen. Den Sake und etwa die gleiche Menge Wasser zugießen, die Ingwerscheiben gleichmäßig auf dem Fisch verteilen und die Flüssigkeit zum Kochen bringen.
5. Die Hitze reduzieren und die Miso-Mischung zugeben. Vorsichtig umrühren, damit sich das Miso vollständig auföst, ohne die Filets zu beschädigen. Zugedeckt 7–8 Minuten garen.
6. Den Deckel abheben und die Sauce bei mittlerer Hitze sämig einkochen, bis sie einen Löffelrücken überzieht.
7. Die Makrelenfilets mit Reis sofort servieren.

* Tipp meiner Mutter

Sie können bei diesem Rezept mit verschiedenen Miso-Sorten experimentieren. Mit rotem Miso *(aka-miso)* wird die Sauce kräftiger, mit weißem *(shiro-miso)* etwas milder.

Keine langwierigen Vorbereitungsarbeiten. Alles, was man für dieses Rezept braucht, ist frischer Drachenkopf, etwas Sake, Sojasauce und Zucker. Ein wahrer Hochgenuss mit Reis!

KINME-DAÏ NO NITSUKE

Gedünsteter Drachenkopf in Sake-Sauce

FÜR 4 PERSONEN

4 Drachenkopffilets mit Haut, je etwa 200 g
150 ml Sake
150 ml Wasser
5 cm frischer Ingwer
2 EL Zucker
1 EL Mirin
50 ml Sojasauce

*** Tipp meiner Mutter**

Diese Zubereitungsart ist für jeden Fisch geeignet. Ich nehme am liebsten fettreiche Fische wie Drachenkopf oder Sardinen, aber feinere Arten wie Rotzunge gelingen genauso gut. Kleinere Fische können Sie nach dem Entfernen von Kopf und Innereien auf diese Weise auch im Ganzen zubereiten.

1. Die Drachenkopffilets mit der Haut nach oben nebeneinander, ohne zu überlappen, in einen großen Schmortopf oder eine Sauteuse einlegen.

2. Den Sake und das Wasser zugießen. Den Ingwer ungeschält in feine Scheiben schneiden und auf dem Fisch verteilen. Einen Bogen Pergamentpapier in der Größe des Topfes zurechtschneiden, einige Löcher hineinstechen und die Filets damit bedecken.

3. Auf großer Stufe erhitzen. Sobald die Flüssigkeit kocht, den Zucker, den Mirin und die Sojasauce zugeben. Bei sanfter Hitze etwa 15 Minuten garen und regelmäßig abschäumen, bis die Garflüssigkeit leicht sirupartig eingedickt ist.

4. Die Drachenkopffilets auf Tellern anrichten, mit der Sauce überziehen und servieren.

Die japanische Küche gilt als leicht und fein, doch ab und zu überkommt uns der Appetit auf etwas Gehaltvolleres! In solchen Momenten fällt meine Wahl häufig auf dieses Rezept mit Schweinebauch. Sie werden staunen, das Fleisch ist nicht nur so zart, dass es sich mit den Stäbchen zerteilen lässt, es ist auch leicht und bekömmlich. Die Zubereitung dauert vielleicht etwas länger, doch die Mühe lohnt sich!

BUTA NO KAKUNI

Geschmorter Schweinebauch **mit Ei und Zuckerschoten**

FÜR 4 PERSONEN

800 g frischer Schweinebauch
150 ml Sake
1 Stück frische Ingwerwurzel
Das Weiße von 1 Lauchstange
2 Sternanis (nach Belieben)
5 EL Sojasauce
2 EL Vollrohrzucker
4 hart gekochte Eier
5 Frühlingszwiebeln
200 g Zuckerschoten

1. Bitten Sie Ihren Schlachter, die Schwarte von dem Schweinebauch zu entfernen. Das Fleisch in fünf Zentimeter große Würfel schneiden.

2. Die Fleischwürfel in einem Topf mit kaltem Wasser bedecken und das Wasser zum Kochen bringen. Bei mittlerer Hitze 10 Minuten blanchieren, abgießen und mit lauwarmem Wasser abspülen.

3. Das Fleisch zurück in den Topf geben. Den Sake, den ungeschält in Scheiben geschnittenen Ingwer, den Lauch und, falls verwendet, den Sternanis hinzufügen. Alles mit Wasser bedecken, zum Kochen bringen, sorgfältig abschäumen und die Temperatur auf die kleinste Stufe stellen.

4. Einen Bogen Pergamentpapier in der Größe des Topfes zurechtschneiden und mehrfach durchstechen. Das Papier direkt auf das Fleisch legen, damit es nicht trocken wird. Den Deckel nicht ganz auflegen, sodass der Dampf entweichen kann, und den Schweinebauch 1½ Stunden garen, bis die Hälfte der Flüssigkeit verkocht ist; regelmäßig abschäumen. Ist die Brühe nicht ausreichend reduziert, den Deckel abnehmen und noch einige Minuten einkochen lassen.

5. Den Lauch herausnehmen. Die Sojasauce, den Zucker und die geschälten Eier hineingeben, wieder mit dem Papier bedecken und weitere 30 Minuten garen.
6. Die Frühlingszwiebeln waschen und so dünn wie möglich in Scheibchen schneiden.
7. Die Zuckerschoten in kochendem Salzwasser 2 Minuten blanchieren. In ein Sieb gießen und unter fließendem Wasser kalt abschrecken.
8. Die Eier halbieren und mit dem Fleisch servieren. Die Frühlingszwiebeln und die Zuckerschoten als Beilage reichen.

* Tipp meiner Mutter

Ich rate Ihnen dringend, dieses Gericht bis einschließlich Schritt 5 am Vortag zuzubereiten, und zwar aus zwei Gründen: Zum einen lässt sich das an der Oberfläche erstarrte Fett vor dem Weitergaren leichter entfernen, zum anderen ziehen Fleisch und Eier besser durch und schmecken nach dem Wiedererwärmen noch besser. Damit das Fleisch ganz zart wird, setzt man es in kaltem Wasser auf und gibt die Gewürze erst zu, wenn es bereits relativ weich ist.

Ein köstliches Gericht, das trotz seiner raffinierten Erscheinung ganz einfach zu realisieren ist. Damit das Fleisch auch nach dem Abkühlen zart bleibt, muss es in ganz feine Scheiben geschnitten werden. Mit Teriyaki-Sauce, die nicht so schnell verdirbt, ist es ideal zum Bestücken eines Bento-Kästchens geeignet – wie geschaffen für ein feines Picknick auf Japanisch!

GYÛNIKU NO YAHATA MAKI FU

Rindfleischröllchen mit Spinat und Teriyaki-Sauce

FÜR 4 PERSONEN

400 g Spinat
5 EL Sojasauce
400 g Rindfleisch (aus Hüfte oder Roastbeef), in sehr dünne Scheiben geschnitten
Etwa 5 EL Maisstärke
2 EL Pflanzenöl
2 EL Sake
2 EL Mirin
1 EL Zucker
Salz

1. Den Spinat waschen und abtropfen lassen. In einem großen Topf Salzwasser zum Kochen bringen und den Spinat darin 2–3 Minuten blanchieren. Abgießen und unter fließendem Wasser kalt abschrecken.

2. Den Spinat so gut wie möglich ausdrücken und in eine Schüssel geben. Zwei Esslöffel der Sojasauce untermengen.

3. Die Hälfte der Rindfleischscheiben auf einem Brett oder auf der Arbeitsfläche leicht überlappend nebeneinanderlegen, sodass ein großes Rechteck entsteht. Die Oberfläche mithilfe eines kleinen Siebes mit Maisstärke bestäuben.

4. Die Hälfte des Spinats noch einmal ausdrücken, um überschüssige Sojasauce abzutropfen, dann zu einer Wurst von der Länge des Fleischrechtecks formen.

*Tipp meiner Mutter

Sie können den Spinat durch anderes Gemüse ersetzen, z. B. durch grüne Bohnen, in Stifte geschnittene Karotten, grünen Spargel …

.../...

.../...

Hauchdünn geschnittene Scheiben Rindfleisch bekomen Sie bei Ihrem Metzger. Verlangen Sie einfach Rouladenfleisch. Sie können sich auch selbst behelfen, indem Sie Rindfleisch am Stück kaufen, es in der Tiefkühltruhe leicht anfrieren und dann mit einem scharfen Messer in dünne Scheiben schneiden.

5. Die Spinatrolle an den unteren Rand des Fleischs legen und darin einrollen. Das restliche Fleisch und den verbliebenen Spinat in gleicher Weise zu einer Rolle formen.

6. Die Rindfleischrollen mit weiterer Maisstärke bestäuben. Das Öl in einer Pfanne erhitzen. Die Rollen mit dem Saum nach unten einlegen und anbraten. Sobald der Saum gebräunt und versiegelt ist, die Rollen umdrehen und auch von den anderen Seiten anbraten.

7. Den Sake, den Mirin, den Zucker und die restliche Sojasauce zugeben und die Rollen rundherum weitergaren, bis die Sauce sämig eingedickt ist und das Fleisch glasiert ist.

8. Die Rollen auf ein Brett legen, in Scheiben schneiden und servieren.

KOBE BEEF

AUF DIE SCHNELLE

Zum Mittagessen bereitet man Kleinigkeiten zu, die schnell gehen und nahrhaft sind, meist irgendetwas mit Reis oder Nudeln. Geradezu eine Institution auf Japans kulinarischer Landkarte ist der *don*, eine große Schale Reis, bedeckt mit einer Garnitur. Genau genommen verstößt dieses Gericht gegen die Tradition, denn die Japaner pflegen eigentlich die Gewohnheit, den Reis separat zu servieren und erst im Mund mit anderen Aromen zu verbinden. Diese Tradition bildet zweifellos die Grundlage der einzigartigen japanischen Esskultur, in der jeder Speise ihr eigenes Gefäß gebührt. Immerhin begann man erst Anfang des 19. Jahrhunderts, den Reis mit einer salzigen Zubereitung zu garnieren. Dieses neue Konzept des „Aus-zwei-mach-eins" – eine große Schüssel Reis, kombiniert mit weiteren Zutaten – nannte man *donburi*.

Ein anderer Dauergast auf dem Mittagstisch sind Nudeln. Nach ihrer Beschaffenheit könnte man Japan in zwei Lager teilen: Im Südwesten des Landes bevorzugen die Menschen Udon-Nudeln, eine weiße Pasta aus Weichweizen, während die Japaner im Nordosten auf ihre Soba-Nudeln schwören, die aus Buchweizen hergestellt werden. Man kann die Herkunft eines Japaners durch die simple Frage erraten, ob er eher Udon- oder Soba-Anhänger ist! Meine Heimatregion, Nagano, ist eine der größten *soba dokoro* (Anbauregion für Buchweizen). Kein Wunder, dass ich zur Soba-Fangemeinde gehöre.

Die Japaner lieben Fischrogen und ganz besonders verrückt sind sie nach Lachskaviar. Wenn Sie irgendwo noch einen Rest gekochten Reis haben, ist dieses schnelle Rezept für Sie goldrichtig. Die Kombination Reis-Lachs-kaviar-Sojasauce hat sich zwar bestens bewährt, doch schmeckt sie noch besser, wenn man ihr mit ein paar Shiso-Blättern zu einer frischen Note oder mit Nori zu etwas Biss verhilft.

IKURA-DON

Don mit Keta-Kaviar

FÜR 2 DONS

6 Shiso-Blätter (ersatzweise 4 Frühlingszwiebeln)*
½ Nori-Blatt (etwa 10 x 20 cm)
3–4 frische Jamswurzeln (nach Belieben)
100 g Keta-Kaviar
2 EL Sojasauce

ZUM SERVIEREN

2 große Schalen gegarter japanischer Rundkornreis
Etwas Wasabi

* Es ist nicht ganz einfach, Shiso-Blätter zu ersetzen. Bei Salaten versuche ich es mit Basilikum. Zum Reis passen Frühlingszwiebeln besser, auch wenn sie anders schmecken.

1. Die Shiso-Blätter (oder Frühlingszwiebeln) in feine Streifen schneiden.
2. Ist das Nori etwas weich, das Blatt nur ganz kurz unter dem Backofengrill trocknen. Anschließend mit einer Küchenschere in schmale Streifen schneiden.
3. Den Jams schälen und in feine Stifte schneiden.
4. Zwei große Schalen Reis kochen.
5. Den Reis mit dem Nori, den Shiso-Blättern oder Frühlingszwiebeln und dem Jams garnieren. Das Ganze mit einer Schicht Keta-Kaviar krönen.
6. Mit der Sojasauce überziehen und mit etwas Wasabi servieren.

Von den Fleischröllchen (Seite 47) abgesehen, die jedoch gewöhnlich mit Schweinefleisch zubereitet werden, ist dies sicherlich das einzige Rezept aus der häuslichen japanischen Küche mit Rindfleisch. Tatsächlich enthält es genauso viele Zwiebeln wie Rindfleisch, wenn nicht mehr! Sollten Sie das Glück haben, Shirataki-Nudeln zu finden, dünne, durchsichtige Vermicelli, die aus der Konjakwurzel, einer in Asien kultivierten Knolle, hergestellt werden, dürfen Sie sie ebenfalls hinzufügen.

Don mit Rindfleisch

GYÛ-DON

FÜR 2 DONS

200 g Rindfleisch von einem etwas stärker marmorierten Teilstück (Kamm oder das Flache Roastbeef)
1 große Zwiebel
200 ml Dashi (Seite 15)
1 EL Zucker
2 EL Sake
2 EL Mirin
4 EL Sojasauce

ZUM SERVIEREN

2 große Schalen gegarter japanischer Rundkornreis
Beni Shoga (in Streifen geschnittener, in Essig eingelegter und rot gefärbter Ingwer; vakuumverpackt im großen Supermarkt oder im Asia-Laden erhältlich)

1. Das Fleisch mit einem scharfen Messer in ganz feine Streifen schneiden. Wenn Zeit genug ist, legen Sie es zuvor für eine knappe Stunde in den Gefrierschrank, dann geht es einfacher.
2. Die Zwiebel schälen und in ein Zentimeter dicke Streifen schneiden.
3. Die Dashi, den Zucker, den Sake, den Mirin und die Sojasauce in einem kleinen Topf vermengen und auf großer Stufe erhitzen. Die Zwiebelstreifen hineingeben und in der Mischung garen, bis sie glasig sind, aber noch Biss haben.
4. Die Rindfleischstreifen zugeben und weitere 5 Minuten garen; regelmäßig umrühren und abschäumen.
5. Zwei Schalen Reis kochen.
6. Den Reis mit dem Fleisch und seiner Sauce garnieren.
7. Mit Beni Shoga sofort servieren.

K I J I Y A K I D O N

Der Name dieses Gerichtes – *kijiyaki* –, „gegrillter Fasan", lässt aufhorchen. Mit seinem eleganten Federkleid und seinem schmackhaften Fleisch ist Fasan so eine Art Nationalvogel in Japan. Einst war er eine geschätzte Delikatesse der besseren Gesellschaft. Auch das Volk machte sich dieses Rezept zu Eigen, allerdings mit Huhn! Heute ist nur noch der Name des Rezeptes geblieben, der Mythos des edlen Fasanenfleischs scheint sich im Dunste der Zeit verloren zu haben.

Don mit Huhn **auf Kijiyaki-Art**

FÜR 2 DONS

2 EL Sake
2 EL Mirin
2 EL Sojasauce
1 EL Zucker
½ EL frisch geriebener Ingwer
1 große Hähnchenkeule, ausgelöst
Das Weiße von 1 Lauchstange
½ EL Pflanzenöl

ZUM SERVIEREN

2 große Schalen gegarter japanischer Rundkornreis
½ Nori-Blatt (etwa 10 x 20 cm)
1 TL geröstete Sesamsamen

1. In einer Schüssel den Sake, den Mirin, die Sojasauce, den Zucker und den Ingwer verrühren.
2. Die Haut der Hähnchenkeule mit einem spitzen Messer mehrfach einstechen und die Keule in kleine Stücke schneiden. In die Marinade einlegen und 10 Minuten marinieren.
3. Inzwischen den Lauch in fünf Zentimeter dicke Stücke schneiden.
4. Das Öl in einer Pfanne auf mittlerer Stufe erhitzen und den Lauch darin unter gelegentlichem Rühren anschwitzen. Mit einem Schaumlöffel herausheben und beiseitelegen.
5. Das Hähnchenfleisch aus der Marinade heben und mit Küchenpapier abtrocknen. Mit der Haut nach unten in die Pfanne legen und bei mittlerer Hitze braten, bis die Haut goldbraun und knusprig ist. Das Fleisch wenden, die Hitze reduzieren und die Keule zugedeckt weitere 5 Minuten garen.
6. Den Deckel wieder abnehmen, die Marinade und die Lauchstücke zugeben und auf höchster Stufe unter regelmäßigem Wenden einkochen lassen, bis Fleisch und Gemüse glasiert sind.
7. Den heißen Reis in zwei große Schalen füllen und mit dem zerpflückten oder in Streifen geschnittenen Nori bestreuen. Das Geflügel und Gemüse darüberschöpfen, mit den Sesamsamen bestreuen und sofort servieren.

Soba-Nudeln lassen sich heiß oder kalt genießen, wenngleich die Mehrzahl ihrer Anhänger sie kalt bevorzugt. In diesem Fall spült man die Nudeln zunächst ab, um anhaftende Stärke zu entfernen, und serviert sie dann auf einem *zaru*, einer Art Bambusmatte, mit einer Tasse *tsuyu*, einer würzigen Brühe, die kalt dazu gereicht wird. Gegessen werden sie mit Stäbchen; man nimmt einige Nudeln auf, taucht sie kurz in die Brühe und lässt sie dann, ohne zu kauen, so geräuschvoll wie möglich im Mund verschwinden. Im Idealfall sollten die Soba die gesamte Mundhöhle bis zum Rachen unzerkleinert passieren. Beim Soba-Essen kommt es nicht so sehr auf den Geschmack an, sondern auf den Duft und auf das eigentümliche Gefühl im Rachen, *nodogoshi* genannt.

ZARUSOBA

Feine Buchweizennudeln, kalt serviert

FÜR 4 PERSONEN

Einige Frühlingszwiebeln
5 cm Daikon oder anderen Rettich (nach Belieben)
Wasabi-Paste
400 ml Mentsuyu (Nudelsauce; siehe nächste Seite)
500 g getrocknete Soba-Nudeln
Einige Noriblätter (nach Belieben)

1. Zuerst die Beigaben zubereiten. Die Frühlingszwiebeln in feine Scheibchen schneiden. Den Daikon (falls verwendet) schälen und möglichst auf einer japanischen Reibe reiben. Anschließend so gut wie möglich ausdrücken. Zwiebeln, Daikon und die Wasabi-Paste in einer Schale anrichten.

2. Die Mentsuyu auf vier Tassen oder Schalen verteilen und kalt stellen.

3. In einem großen Topf Wasser zum Kochen bringen, die Soba-Nudeln hineingeben und nach der Packungsanleitung garen. Mit Stäbchen ab und zu umrühren.

.../...

*** Tipp meiner Mutter**

Bei Soba ist das Überkochen des Nudelwassers unvermeidlich. Bleiben Sie in der Nähe des Topfes und reduzieren Sie die Hitze, sobald das Wasser aufwallt. Am besten schmecken frische, auf traditionelle Art von Hand hergestellte Soba-Nudeln. Hierzulande ist getrocknete Ware von guter Qualität die beste Wahl.

.../...

4. Die Nudeln über einem Sieb abgießen und unter fließendem kaltem Wasser gründlich abspülen, damit sie abkühlen und möglichst viel von ihrer Stärke abgeben.
5. Auf jeden Teller eine Bambusmatte legen und die Soba-Nudeln darauf anrichten. Ersatzweise tut es auch eine flache Schale. Die Nudeln mit dem zerkrümelten Nori (falls verwendet) bestreuen.
6. Die Soba-Nudeln mit der kalten Brühe und den Würzbeigaben servieren.

Mentsuyu, eine Art milde Sojasauce, ist unerlässlich für die Zubereitung von Soba- oder Udon-Nudeln, aber auch sehr praktisch zum Würzen von Geschmortem und Salaten. Am einfachsten ist es natürlich, Mentsuyu als Fertigsauce im Asia-Laden zu kaufen. Wenn Sie zu einem Fertigprodukt greifen, müssen Sie die Sauce vor dem Servieren mit Wasser verdünnen. Sie können Mentsuyu auch selbst herstellen. Hier ist das Rezept:

1. Eine halbe Tasse (es kommt nicht auf die exakte Menge, sondern nur auf das Mengenverhältnis an) Mirin zum Kochen bringen.
2. Die gleiche Menge Sojasauce und zwei Tassen Wasser zugeben, erneut aufkochen und zwei Tassen Katsuobushi (Bonitoflocken) unterrühren. Die Hitze herunterstellen und 2 Minuten köcheln lassen.
3. Die Mischung durch ein mit feuchtem Tuch ausgelegtes Sieb passieren.
4. Abkühlen lassen und kühl lagern.

州おぶせ
おぶせ名物
おやき
1ケ130円
野せり
100円
今朝手作り
おやき各種

農家直売所
山うど
山のふき
天然の山菜!!
野セリ・のびる・山のふき
タラのメ
わらび
うど
みょうがだけ
にら
100
みつば
100円
山菜
アスパラガス
150
ふき
アスパラ菜
サラダ菜

WAS DIE SAISON BIETET

DIE HÄUSLICHE JAPANISCHE KÜCHE GLEICHT EINEM TÄGLICHEN HOCH AUF DIE NATUR. MIT REIS ALS MITTELPUNKT FOLGT SIE DEM LAUF DER JAHRESZEITEN IN EBENSO SCHLICHTER WIE SCHMACKHAFTER WEISE.

FRÜHLING

Nach einem langen Winter, der das Land aller Farben beraubt, warten wir Japaner sehnsüchtig auf die ersten Anzeichen des Frühlings. Mein Vater, der die Gewohnheit hat, früh am Morgen mit seinen Hunden in den Bergen spazieren zu gehen, entdeckt sie meist als Erster. Eines Tages, Anfang März, kehrt er mit dem Lächeln eines kleinen Jungen zurück, der gerade einen Schatz gefunden hat. Die Taschen seiner Jacke sind gefüllt mit *fukinoto,* den winzigen Trieben der Pestwurz. Sie sind die ersten Boten des Frühlings. Diese allererste Ernte der Saison kosten die Japaner voll aus. Mein Vater schneidet die Triebe in kleine Stücke, gart sie mit Miso und Zucker in Öl, um daraus *fuki miso* zuzubereiten.
Je milder das Wetter wird, desto mehr lockt die Bergwelt mit ihrer wunderbaren Natur: Farnsprossen, Bambussprossen, Acker-Zimtkraut, Tara-Knospen (japanische Engelwurz), Hopfensprossen, junge Sansho-Blätter (japanischer Verwandter des Sichuan-Pfeffers) mit zitronig-minzigem Geschmack, Yomogi-Blätter (Beifuß) ... In dieser Zeit schwelgt alle Welt in Knospen und Sprossen, um ein bisschen von ihrer wohltuenden Lebenskraft zu zehren. Das Kuriose an dieser Ernte der ersten milden Tage ist ihre ausgeprägt bittere Note. Der japanische Frühling hat einen ausgesprochen bitteren Geschmack.

T A K E N O K O N O T O S A N I

Takenoko, wörtlich „Kind des Bambus", bezeichnet den jungen Bambustrieb, der sich im Frühling zeigt. Seine knackige Konsistenz und sein einzigartiges Aroma machen ihn zu einem der Stars der japanischen Küche. Die vorgegarten Bambussprossen, die es überall zu kaufen gibt, sind sehr praktisch, doch wer sich die Mühe macht, sie frisch zuzubereiten, wird mit einer Portion Extrageschmack belohnt. Leider bekommt man sie hierzulande nur selten. Im April und Mai hat meine Mutter immer ihre helle Freude, Bambus in allen möglichen Variationen auf den Tisch zu bringen – mit Reis, mit klein gehacktem Hähnchenfleisch, in Brühe ... An einem Frühlingstag bereitete sie ihn für Iris und mich wie hier nach Tosa-Art mit Katsuobushi zu.

Geschmorte Bambussprossen „Tosani"

FÜR 4 PERSONEN

3–4 frische Bambussprossen (oder etwa 500 g vorgegarte Sprossen)
100 g Komenuka (gemahlene Reiskleie)

ZUM GAREN DER SPROSSEN

(bei Verwendung von vorgegarten Sprossen entfällt Schritt 1–4)
2 Tassen (etwa 450 ml) Dashi (Seite 15)
3 EL Sake
3 EL Mirin
1 EL Zucker
3 EL Sojasauce
3 Päckchen Katsuobushi (getrocknete Bonitoflocken)

ZUM SERVIEREN

Einige Stangen grüner Spargel, blanchiert*
Einige junge Sansho-Blätter (ersatzweise Basilikumzweige)

1. Den harten, körnigen Teil an der Basis der Bambussprossen entfernen. Etwa fünf Zentimeter der Spitze schräg abschneiden. Die Hüllblätter der Länge nach einritzen, ohne das Fruchtfleisch zu verletzen.

2. Die Sprossen in einen großen Topf legen und mit Wasser bedecken. Das Komenuka zugeben, zum Kochen bringen und zugedeckt auf kleiner Flamme je nach Größe der Sprossen 1–2 Stunden garen. Bei Bedarf weiteres Wasser zugießen. Sobald man die Sprossen mit einem Messer mühelos einstechen kann, sind sie gar. In der Brühe abkühlen lassen.

3. Den Bambus unter fließendem kaltem Wasser von dem Komenuka befreien; anschließend die Hüllblätter abziehen. Die Sprossen mindestens für 1 Stunde in ihre Garflüssigkeit einlegen.

4. Spitze und Basis der Sprossen voneinander trennen. Die Spitzen längs halbieren, die Basen erst in ein Zentimeter dicke Scheiben schneiden, dann längs halbieren.

5. Die Bambussprossen und die Dashi in einen Topf geben und zum Kochen bringen. Den Sake, den Mirin, den Zucker und die Sojasauce zugeben, einen Deckel, der im Durchmesser etwas kleiner ist als der Topf, einlegen und 20 Minuten garen, bis fast sämtliche Flüssigkeit verkocht ist.

6. Das Katsuobushi zugeben, rasch unterrühren und mit grünem Spargel und Sansho-Blättern servieren.

* Für das Originalrezept werden Farnsprossen verwendet, die hier jedoch kaum erhältlich sind. Vorsicht, einheimische Farne können giftig sein! Grüner Spargel, der ähnlich schmeckt, ist jedoch ein guter Ersatz.

500円

*** Tipp meiner Mutter**

Die Technik des „gefallenen Deckels“ *(otoshi buta)*, die bereits bei dem getrockneten Daikon in Hühnerbrühe (Seite 25) angewandt wurde, hat hier den Zweck, die Flüssigkeit rasch einzukochen, ohne den Bambus auszutrocknen. Die so zubereiteten Sprossen halten sich in Wasser eingelegt zwei bis drei Wochen.

秋にも法案
税制抜本改革

Die Bewohner der Bergregionen sind immer ganz aus dem Häuschen, wenn sie in der noch schneebedeckten Erde die ersten Blütenknospen der Pestwurz entdecken. Bevor sie aufblühen, werden sie gesammelt, um daraus *fuki miso* zuzubereiten, eine Würzmischung mit Miso und Zucker, die mich als Kind immer Grimassen schneiden ließ, weil sie so bitter war. Nach der Blüte entwickelt die Pflanze mit dem wenig klangvollen Namen einen langen Stängel mit einem großen Blatt, Marke „grüner Regenschirm", daran. Diese knackigen Stangen sind ebenfalls ein Genuss.

FUKI NO TORISOBORONI

Staudensellerie **mit Hähnchen-Haschee**

FÜR 4 PERSONEN

500 g Staudensellerie
1 Handvoll Salz
2 EL Pflanzenöl
250 g gehacktes Hähnchenfleisch
1 roter Chili
3 EL Sake
3 EL Mirin
3 EL Sojasauce
½ EL Zucker

1. Die Blattstiele der Selleriestaude abtrennen und die Blätter entfernen. Die Selleriestangen waschen und die Fäden abziehen.
2. In einem großen Topf reichlich Wasser zum Kochen bringen und die Selleriestangen darin je nach Größe 8–10 Minuten blanchieren. Unter fließendem Wasser kalt abschrecken und in fünf Zentimeter lange Stücke schneiden.
3. Das Öl in einem Topf stark erhitzen und das Hähnchenfleisch mit dem Chili scharf anbraten.
4. Sobald das Fleisch fast gar ist, die Selleriestücke unterrühren. Den Sake, den Mirin, die Sojasauce und den Zucker zugeben und bei starker Hitze unter ständigem Rühren weitergaren, bis sämtliche Flüssigkeit verkocht ist.
5. Abschmecken, den Chili herausnehmen und servieren.

*** Tipp meiner Mutter**

In Japan werden für dieses Gericht Pestwurzstangen verwendet. Staudensellerie, der weniger bitter schmeckt, ist ein guter Ersatz.

Die schönste Art, die Früchte des Frühlings zu genießen, ist mit einer Auswahl frittierter Speisen – Tempura. Sprossen und Knospen in Öl zu frittieren, bringt den delikaten Eigengeschmack der zarten Zutaten schön zur Geltung und nimmt ihnen gleichzeitig etwas von ihrer Bitterkeit. Von all den wunderbaren Schätzen der Berge sind die Knospen der tara (Engelwurz), eines in ganz Japan verbreiteten dornigen Strauchs, zweifellos der beliebteste. Das ganze Jahr erwarten wir voller Vorfreude diese kurze Zeit, in der man die kostbaren Knospen sammeln kann.

Vegetarische Frühlings-Tempura mit Tentsuyu-Sauce

FÜR 4 PERSONEN

FÜR DEN TEIG

2 Eier
230 g Mehl

FÜR DAS GEMÜSE

Einige große Dicke Bohnen
12 Tara-Knospen (Japanische Engelwurz; ersatzweise kleine Artischockenherzen)
1 Päckchen Enoki-Pilze
8 junge Ukogi-Blätter (ersatzweise Blätter heimischer Gewürzkräuter wie Salbei, Petersilie, oder junge Wirsingblätter)
8 Hopfensprossen
8 junge Sansho-Blätter (ersatzweise Frühlingszwiebeln, in Stücke geschnitten)
8 kleine Sträußchen junger Yomogi-Blätter (Beifuß)
8 Stangen wilder Spargel (ersatzweise grüner Spargel)

Öl zum Frittieren

.../...
Weitere Zutaten siehe Seite 77

1. Die Eier in einen Messbecher schlagen und mit kaltem Wasser bis zur 400-Milliliter-Markierung auffüllen. Diese Mischung und das Mehl bis zur Zubereitung der Tempura in den Kühlschrank stellen.
2. Die Dicken Bohnen schälen. Die harten Partien der Tara-Knospen entfernen. Stiel, harte Blätter und Heu der Artischocken entfernen. Die Basis der Enoki-Pilze kappen. Sämtliches Gemüse (außer die Dicken Bohnen) abspülen, mit einem sauberen Küchentuch sorgfältig abtrocknen und auf eine große Platte legen.
3. Für die Tentsuyu-Sauce die Dashi, die Sojasauce und den Mirin in einem kleinen Topf vermengen und zum Kochen bringen. Die Sauce auf vier Schälchen verteilen.
4. Den Ingwer schälen und reiben, überschüssiges Wasser ausdrücken. Den Daikon in gleicher Weise vorbereiten. Beides in Schälchen anrichten.
5. In einer Fritteuse oder in einem hohen Topf Öl zum Frittieren auf 170 °C erhitzen.

.../...

.../...

6. Die Ei-Wasser-Mischung in eine Schüssel gießen und mit zwei Essstäbchen verschlagen. Das Mehl hineinsieben und mit den Stäbchen rasch zu einem Teig verrühren – er muss nicht glatt sein, es dürfen ruhig ein paar Klümpchen verbleiben.

7. Wenn Sie die Tempura in einem Topf zubereiten, zur Kontrolle der Temperatur etwas Teig in das Öl geben. Steigt er sofort an die Oberfläche, hat das Öl die richtige Temperatur erreicht. Die vorbereiteten Zutaten portionsweise durch den Teig ziehen, in das heiße Öl gleiten lassen und goldgelb und knusprig ausbacken. Ab und zu wenden, damit sie gleichmäßig garen. Auf Küchenpapier abtropfen und auf einer Platte anrichten.

8. Sie können die Tempura in die Tentsuyu-Sauce tauchen, die Sie wahlweise mit dem Ingwer und/oder dem Daikon würzen, oder aber schlicht und einfach mit Salz genießen.

FÜR DIE TENTSUYU-SAUCE

400 ml Dashi (Seite 15)
100 ml Sojasauce
100 ml Mirin

ZUM SERVIEREN

1 Stückchen frischer Ingwer
10 cm Daikon oder
anderer milder Rettich
Salz

* Tipp meiner Mutter

Wichtig für das Gelingen der Tempura ist, dass das Frittiergut möglichst kalt verarbeitet wird (wenn genügend Zeit ist, können Sie es zuvor eine Weile in den Kühlschrank legen), außerdem sollte der Teig so wenig wie möglich gerührt und unverzüglich weiterverarbeitet werden. Dieses Rezept ist auch für anderes Gemüse der Saison wie Brokkoli- oder Blumenkohlröschen, kleine Champignons, Frühlingszwiebeln, Sauerampfer, junge Karotten und ihr Kraut und vieles mehr geeignet.

Yomogi, der Japanische Beifuß *(Artemisia princeps)* wächst bei uns in Hülle und Fülle. Doch wer ihn essen möchte, sollte ihn vorzugsweise fernab in der freien Natur sammeln. Die jungen Blätter des *yomogi* haben einen sehr speziellen Geruch (denken Sie an den Duft von Chrysanthemen) und sind ein echter Genuss in Suppen, Salaten oder auch als Tempura. Doch die größte Spezialität ist der *yomogi mochi*, ein kleines, mit *yomogi* gewürztes Reisküchlein. Japanischer Beifuß wird auch als Heilpflanze genutzt. Meine Großmutter sammelte die alten Blätter zur Anwendung der Moxibustion, einer der Akkupunktur verwandten Therapie. Sie trocknete die Blätter, zerkrümelte sie, trug das Pulver auf bestimmte Körperpunkte auf, um sie dann abzubrennen.

KUSAMOCHI

Reisküchlein mit Beifuß

FÜR 4 PERSONEN

40 g junge zarte Beifußblätter
30 g Shiratamako-Klebreismehl
180 ml lauwarmes Wasser
200 g Joshinko-Reismehl, plus Reismehl zum Bestäuben
60 g Zucker
300 g Anko (rote Bohnenpaste, erhältlich in Dosen)

1. Den Beifuß waschen und abtropfen. In einem Topf Wasser zum Kochen bringen. Den Beifuß 1–2 Minuten blanchieren, unter fließendem Wasser kalt abschrecken, abtropfen und gut ausdrücken.
2. Den blanchierten Beifuß hacken und in einem *suribachi* (Mörser) so fein wie möglich zermahlen. Sie können das auch im Mixer erledigen.
3. In einer Schüssel das Shiratamako-Mehl in dem lauwarmen Wasser auflösen. Das Joshinko-Mehl und den Zucker zugeben und mit der Hand alles zu einem glatten Teig verarbeiten. Den Teig in kleine Stücke zerteilen (das erleichtert das Garen).
4. In einem Dämpftopf Wasser zum Kochen bringen. Den Dämpfkorb einsetzen, mit einem feuchten Tuch auskleiden und die Teigstücke einlegen. Zugedeckt bei lebhafter Hitze 20 Minuten dämpfen.

5. Die Teigstückchen auf ein weiteres feuchtes Tuch legen, mit befeuchteten Händen verkneten und zu einem Kloß formen. Den zermahlenen Beifuß zugeben und weiterkneten, bis die Masse glatt und geschmeidig ist.

6. Den Teig in 15 Portionen zerteilen und mit befeuchteten Händen zu Kreisen von etwa zehn Zentimeter Durchmesser formen. In der Mitte je 20 Gramm Anko auftragen, die Kreise zusammenfalten und an den Rändern mit den Fingern zusammendrücken. Sofort servieren.

* Tipp meiner Mutter

Die *kusamochi* halten sich mit Frischhaltefolie bedeckt bei Raumtemperatur einen Tag. Bestäuben Sie die Reisküchlein mit Joshinko, damit sie nicht kleben. Shiratamako wird aus Klebreis hergestellt und ist von leicht körniger Beschaffenheit. Sie können es durch gemahlenen Klebreis ersetzen, allerdings wird der Teig mit Shiratamako noch glatter und geschmeidiger. Der *suribachi* ist ein japanischer Mörser mit sehr rauer Innenfläche, sehr praktisch zum Zermahlen der Zutaten.

SOMMER

In den Monaten großer Hitze verschaffen wir uns gerne mit einem Gegenstand symbolische Linderung, den wir *furin* nennen. Es ist ein gläsernes Glöckchen, das an einem luftigen Ort, beispielsweise vor dem Fenster, aufgehängt wird. Die Japaner lieben ihr leises Bimmeln in der Zugluft, es lässt sie die drückende Hitze vergessen, die auf ihnen lastet. Ich erinnere mich noch an eine nette Begebenheit in einem traditionellen Restaurant in Tokio, die mich sehr berührt hat. Die Wirtin erschien und legte ein Paar benetzte Stäbchen aus grünem Bambus auf den Tisch. Sie muss sie extra für den Sommer bestellt haben. Grüner Bambus ist das Symbol dieser Jahreszeit, allerdings nur für sehr kurze Dauer, denn ist er erst einmal geschnitten, verändert er schnell seine Farbe. Vor allem aber hatte sie die Stäbchen befeuchtet, um mir einen Hauch von Erfrischung zu gönnen.

Furin und benetzte Stäbchen haben natürlich nicht die Wirkung einer Klimaanlage, doch liebe ich diese geheimnisvolle poetische Facette der japanischen Seele. Im Sommer greift man auf dem Esstisch zu allen möglichen Tricks, um den Gästen ein bisschen Kühlung zu verschaffen, man verwendet Geschirr aus Glas, wässert das Steingut, bevor man die Speisen darauf anrichtet, oder gibt ein paar grüne Ahornblätter in das Eiswasser, in dem die Somen-Nudeln schwimmen.

Der hierzulande wenig bekannte Bonito ist unverzichtbar in der japanischen Küche. Aus den geräucherten, getrockneten und fermentierten Filets wird das berühmte Katsuobushi hergestellt, das in feine Späne gehobelt für die Zubereitung der Dashi-Grundbrühe verwendet wird.
Der Wanderfisch zieht im Frühling mit der warmen Pazifikströmung in großen Schwärmen unter die Küste. In dieser Phase ist der Bonito relativ mager. Erst nach und nach frisst er sich ein Fettpolster gegen die Kälte an, bevor er im Herbst wieder südwärts wandert. Man isst ihn als Sashimi oder wie hier als Tataki mit Ingwer und Frühlingszwiebeln. Ein echter Sommergenuss!

KATSUO NO TATAKI

Tataki vom Bonito

FÜR 4 PERSONEN

2 ganz frische Bonitofilets (etwa 500 g; Ersatz siehe „Tipp meiner Mutter")
1 großes Stück frischer Ingwer
1 Knoblauchzehe
½ Bund Frühlingszwiebeln

3 Metallspieße
1 Schüssel mit Eiswasser

FÜR DIE SAUCE

3 EL Reisessig
3 EL Sojasauce
3 EL Dashi (siehe Seite 15)

1. Die Spieße so auf das erste Bonitofilet legen, dass es sich beim Garen nicht hochwölbt. Das Filet von allen Seiten kurz angrillen, sodass es im Kern roh bleibt. In das Eiswasser tauchen, um den Garprozess zu stoppen. Mit dem zweiten Filet in gleicher Weise verfahren.
2. Den Ingwer und den Knoblauch schälen und reiben. Die Frühlingszwiebeln in kleine Röllchen schneiden.
3. Für die Sauce sämtliche Zutaten miteinander verrühren.
4. Das Bonitofilet in 1,5 Zentimeter dicke Scheiben schneiden und auf ein Brett legen. Ein Drittel der Sauce über den Fisch ziehen und mit der Hand sanft einreiben.
5. Die Bonitoscheiben auf einer Platte anrichten, mit dem Ingwer, dem Knoblauch und den Frühlingszwiebeln garnieren und mit der restlichen Sauce servieren.

* Tipp meiner Mutter

Der in Europa angebotene Bonito gehört nicht zu der Art, die wir in Japan verwenden, eignet sich aber genauso für dieses Rezept. Sie können übrigens Lachs und Schwertfisch auf dieselbe Weise zubereiten.

Es mag vielleicht erstaunen, aber wir Japaner sind große Tomatenesser. Dank regionaler Erzeuger, die ihr Fach verstehen, gibt es sogar Sorten, die es mit der Cœur de Bœuf (Ochsenherz, feste, große, aromatische Fleischtomate) aufnehmen können! Am besten, so meine Mutter, schmeckt eine erstklassige Tomate schlicht mit Salz. Zur Abwechslung bereitet sie hin und wieder auch einen Salat wie diesen daraus. Myoga ist die ebenso hübsche wie schmackhafte Blütenknospe des japanischen Ingwers. Und den Shiso, das japanische Basilikum mit dem umwerfenden Duft, brauche ich Ihnen nicht mehr vorzustellen.

TOMATO, MYÔGA, SHISO NO SALADA

Tomatensalat
mit Myoga und Shiso

FÜR 4 PERSONEN

4 schöne große vollreife Tomaten (Momotaro, Cœur de Bœuf oder eine andere schmackhafte Sorte)
3 Myoga-Knospen (Ersatz siehe „Tipp meiner Mutter")
8 Shiso-Blätter (Ersatz siehe „Tipp meiner Mutter")

FÜR DIE VINAIGRETTE

2 EL japanischer Reisessig
2 EL Sojasauce
1 EL Sesamöl
1 EL geröstete Sesamsamen

1. In einem Topf Wasser zum Kochen bringen. Die Tomaten 5 Sekunden hineintauchen, wieder herausnehmen und in einer Schüssel mit kaltem Wasser abschrecken. Anschließend häuten und vierteln.
2. Den Myoga der Länge nach in feine Scheiben schneiden. Die Hälfte der Shiso-Blätter in Streifen (Chiffonade) schneiden, die andere Hälfte grob zerpflücken.
3. Für die Vinaigrette sämtliche Zutaten miteinander verrühren.
4. Die Tomaten, die Hälfte des Myogas und die zerpflückten Shiso-Blätter in eine Schüssel geben. Die Vinaigrette darübergießen und kurz vermengen. Den Salat für mindestens 30 Minuten in den Kühlschrank stellen.
5. Den Salat erst kurz vor dem Servieren aus dem Kühlschrank nehmen und mit den restlichen Shiso-Blättern dekorieren.

*** Tipp meiner Mutter**

Falls Sie keinen Myoga bekommen, nehmen Sie stattdessen 2 Schalotten und geben etwas geriebenen Ingwer in die Vinaigrette. Shiso ist weniger einfach zu ersetzen, versuchen Sie es notfalls mit Basilikum. Anstelle der Sesamsamen können Sie auch geröstete Pinienkerne verwenden.

WAKAME TO KYUURI, HOTARUIKA NO SUNOMONO

Sunomono, wörtlich „Essigding", ist ein sehr erfrischender Salat mit Sanbaizu-Sauce, einer Mischung aus Reisessig, Sojasauce und Zucker. In seiner einfachsten Form besteht er schlicht aus Gurke und Wakame, doch fügt man häufig noch ein drittes Element hinzu, z. B. Krabbenfleisch, Hähnchen oder Krake. Meine Mutter und ich haben uns für eine saisonale Zutat entschieden, *hotaruika*. Das sind ganz kleine Kalmare (kaum fünf Zentimeter lang), die zwischen April und Juni gefangen werden und deren Körper während der Paarungszeit leuchtet, daher ihr japanischer Name *hotaru* – „Glühwürmchen".

Kalmarsalat „Glühwürmchen"

mit Gurke und Wakame in mildem Essig

FÜR 4 PERSONEN

20 g getrocknete Wakame
1 Salatgurke
2 TL Salz
1 kleines Stück frischer Ingwer
200 g gegarte Hotaruika (Minikalmare)

FÜR DIE SANBAIZU-SAUCE

3 EL Reisessig
3 EL Sojasauce
3 EL Dashi (Seite 15)
1 EL brauner Zucker

ZUM BESTREUEN

Geröstete Sesamsamen

1. Die Wakame in einer Schüssel in kaltem Wasser einweichen.
2. Die Gurke streifig schälen (Zebrastreifenmuster) und längs halbieren. Die Kerne entfernen und das Fruchtfleisch in feine Bänder schneiden (das geht am einfachsten mit dem Gemüsehobel).
3. Die Gurkenbänder in einer Schüssel mit dem Salz bestreuen. Mit der Hand durchmischen, bis sie ihr Wasser abgeben. In einem Sieb unter fließendem Wasser abspülen und gut ausdrücken. Anschließend wieder in die Schüssel geben.
4. Die Wakame abtropfen und ausdrücken. Zu den Gurken in die Schüssel geben.
5. Für die Sanbaizu-Sauce sämtliche Zutaten miteinander verrühren. Den Ingwer schälen, reiben und unter die Sauce mengen.
6. Ein Drittel der Sauce über Gurke und Wakame gießen und rasch vermengen.
7. Die Gurken, die Wakame und die kleinen Tintenfische in vier Schalen anrichten und mit der restlichen Sauce übergießen. Mit dem gerösteten Sesam bestreuen und servieren.

…/…

* Tipp meiner Mutter

Für das Gelingen des *sunomono* ist es wichtig, die Zutaten sorgfältig abzutropfen, bevor man die Sauce zugibt. Drücken Sie die Gurke und die Wakame gut aus. Nach dem Würzen sollte der Salat rasch gegessen werden, bevor er weitere Flüssigkeit abgibt und matschig wird.

Die wunderbaren kleinen Kalmare sind hierzulande schwer zu finden. Ersetzen kann man sie durch Seppioline, Krabbenfleisch, in Stücke geschnittene größere Kalmare, in feine Scheibchen geschnittene Oktopustentakeln, gegarte und in Stücke zerpflückte Hähnchenbrust, Jakobsmuscheln und vieles mehr. Japanische Gurken sind deutlich kleiner als die europäischen Verwandten. Man braucht sie weder zu schälen noch zu entkernen. Am nächsten kommen ihnen die im Nahen Osten verbreiteten kleinen krummen Sorten. Wenn Sie solche sehen, unbedingt dieses Rezept ausprobieren!

Dies ist ein typisch japanisches Mittagessen an heißen Sommertagen. Die Nudeln werden in einer mit Eiswürfeln gefüllten Glas- oder Steingutschale serviert. Manche Restaurants in Japan bieten im Sommer *nagashi somen* (wörtlich „fließende Nudeln") an. Dabei sitzen die Gäste an einem halbierten Bambusstamm, in dem wie in einer Rinne ständig Wasser fließt, während sie versuchen, mit Stäbchen die dann und wann vorbeiziehenden Nudeln herauszufischen!

SÔMEN

Eisgekühlte Somen-Nudeln **mit Yakumi**

FÜR 4 PERSONEN

500 g Somen-Nudeln

FÜR DIE SAUCE

150 ml Mirin
150 ml Sojasauce
600 ml Wasser
10 g Katsuobushi (getrocknete Bonitoflocken)

FÜR DIE YAKUMI (GEWÜRZBEIGABEN)

1 großes Stück frischer Ingwer
¼ Bund Frühlingszwiebeln
2 Myoga-Knospen (nach Belieben)
4 Shiso-Blätter (nach Belieben)
2 EL geröstete und zerstoßene Sesamsamen

Eiswürfel zum Servieren

1. Zuerst die Sauce zubereiten: In einem kleinen Topf den Mirin zum Kochen bringen. Die Sojasauce und 600 Milliliter Wasser zugießen, erneut aufkochen und das Katsuobushi unterrühren. Die Kochstelle ausschalten und die Mischung 5 Minuten ziehen lassen. Durch ein Sieb gießen, vollständig abkühlen lassen und auf vier Schalen verteilen.
2. Die Yakumi vorbereiten und in kleinen Schalen anrichten: Den Ingwer schälen und fein reiben. Die Frühlingszwiebeln in feine Röllchen, den Myoga und die Shiso-Blätter, falls verwendet, in dünne Streifen schneiden.
3. In einem großen Topf reichlich Wasser zum Kochen bringen und die Somen-Nudeln hineingeben. Sobald das Wasser wieder aufwallt, die Temperatur herunterstellen und die Nudeln 2 Minuten unter ständigem Rühren garen.
4. Die Nudeln in ein Sieb gießen und unter fließendem Wasser kalt abschrecken; dabei aneinanderreiben, um anhaftende Stärke möglichst restlos zu entfernen. Sorgfältig abtropfen.
5. Die Somen-Nudeln in einer Glas- oder Steingutschüssel mit Eiswürfeln anrichten.
6. Die Nudeln mit der Sauce und den Yakumi servieren. Nun gibt jeder die Gewürze seiner Wahl in die Sauce und taucht die Nudeln hinein.

Yakumi nennt man die Würzbeigaben, die als Beilage serviert werden. Neben dem würzenden Effekt haben sie noch andere Wirkungen. So regen z. B. Ingwer und Frühlingszwiebeln den Appetit an und stärken die Abwehrkräfte. Yaku heißt übersetzt „Arznei“.

HERBST

Herbst ist gleichbedeutend mit Überfluss. Die Landschaft leuchtet in allen Farben, das Gold der Reisfelder, das Rot des Ahorns, das Gelb der Ginkgos, ganz zu schweigen von der Farbenpracht der Früchte und Beeren. Als Kind liebte ich es, im Herbst mit meinen Brüdern durch den Wald zu streifen und auf dem welken Laub die herabgefallenen Esskastanien zu sammeln. Um mich nicht zu piken, versuchte ich, sie mit den Füßen zu öffnen. Es machte großen Spaß, sie nach Hause zu tragen, damit meine Mutter etwas daraus kochte! Die einfachste Methode, Kastanien zuzubereiten, ist Dämpfen. Man legt sie in den Dämpfkorb und lässt sie 30 Minuten im Dampf garen. Zum Essen halbiert man sie wie ein gekochtes Ei und löffelt das Fruchtfleisch heraus. Wilde Kastanien sind gewöhnlich relativ klein, aber es gibt Ausnahmen. Mein Vater zum Beispiel hatte da so seine geheimen Stellen, er kannte einen Ort, an dem richtig große Kastanien wuchsen, die er voller Stolz nach Hause brachte. Doch wenn man ihn fragte, wo sich die Bäume befanden, antwortete er stets: „Das verrate ich euch auf dem Sterbebett." So sind die großen Kastanien also Teil unseres Erbes, vorausgesetzt er vergisst es nicht.

長野県
天然記念
神木 科の木
熊野皇大神社
軽井沢町 鎮座
心の健康をお守りする
碓氷峠

Die japanischen Maronen *(kuri)* unterscheiden sich ein wenig von ihren europäischen Verwandten. Sie sind hellgelb und von halb knackiger, halb mehliger Konsistenz. Die Japaner lieben diese Mischung aus süß und mehlig (wie bei Süßkartoffeln oder Kürbis), was die große Popularität der Maronen erklärt. Man genießt sie das ganze Jahr in allen möglichen Formen: als Kuchen, in Cremes, in Sirup ... Doch nur im Herbst hat man das Privileg, sie frisch zu genießen und so schmecken sie immer noch am besten.

KURI OKOWA

Klebreis **mit Maronen**

FÜR 4 PERSONEN

650 g Klebreis
400 g Maronen
2 TL Salz
1 EL Zucker
40 ml Sake

ZUM SERVIEREN

Gomasio (Sesamsalz) oder geröstete Sesamsamen

1. Am Vorabend den Klebreis gründlich waschen, abtropfen und über Nacht in Wasser einweichen.
2. Die Maronen 3–4 Minuten in kochendem Wasser blanchieren. In dem Wasser abkühlen lassen.
3. Eine Schüssel mit kaltem Wasser bereitstellen. Die Maronen mit einem kleinen Messer an der rundlichen Seite einschneiden und schälen. Lässt sich die innere Haut nicht restlos abziehen, die Rückstände mit dem Messer abschaben. Die geschälten Maronen in das kalte Wasser legen, damit sie sich nicht verfärben.
4. Erneut in einem Topf Wasser zum Kochen bringen. Die Maronen hineingeben und 5 Minuten blanchieren. Abtropfen lassen.
5. Einen Dämpfkorb mit einem sauberen, feuchten Tuch so auslegen, dass es an den Rändern überhängt. Den abgetropften Klebreis und die Maronen hineingeben und mit dem Salz bestreuen. In dem Dämpftopf Wasser zum Kochen bringen, den Korb einsetzen und das Tuch über den Reis schlagen. Den Deckel auflegen und bei starker Hitze 20 Minuten dämpfen.
6. Den Zucker und den Sake mit 160 Milliliter Wasser verrühren. Reis und Maronen auf einen großen tiefen Teller geben und mit der Flüssigkeit übergießen. Mit einem Spatel vorsichtig vermengen, wieder in den Dämpfkorb füllen und zugedeckt weitere 20 Minuten dämpfen.
7. Mit Gomasio oder gerösteten Sesamsamen und Salz servieren.

*** Tipp meiner Mutter**

Gegarter Klebreis *(okowa)* sollte unverzüglich gegessen werden, da er beim Abkühlen hart wird. Einmal abgekühlt, lässt er sich in der Mikrowelle wieder erwärmen und weich machen. Bewahren Sie ihn aber nicht länger als 24 Stunden auf und schon gar nicht im Kühlschrank!

Pilze gedeihen prächtig in den feuchten Böden Japans. Vor allem nach einem warmen Sommer findet man in den Bergen eine beeindruckende Vielfalt an Wildpilzen, die zahlreiche Sammler anlocken. Der König der japanischen Pilze ist der *matsutake* (wörtlich „Kiefernpilz"). Er wächst unter der japanischen Rotkiefer, hat festes, faseriges Fleisch und ist ungemein aromatisch. Der *matsutake* ist gewissermaßen unsere Trüffel, nicht nur wegen seines horrenden Preises, sondern auch, weil es noch niemandem gelungen ist, ihn zu züchten. Leider wächst der begehrte Pilz nicht in den hiesigen Wäldern, aber vielleicht ist das auch gut so: Ein Wald voller *matsutake* weckt Begehrlichkeiten.

KINOKO NO OROSHI AE

Gebratene Pilze **mit geriebenem Daikon**

FÜR 4 PERSONEN

500 g gemischte Pilze (nach Möglichkeit Wildpilze)
80 ml Dashi (Seite 15)
1 EL Sake
1 EL Mirin
2 EL Sojasauce
400 g Daikon oder anderer milder Rettich
1 Bund Frühlingszwiebeln
1 Kabosu (grüne Zitrusfrucht) oder Limette

Öl zum Braten

1. Die Pilze rasch in kaltem Wasser waschen. Abtropfen, von den Stielansätzen befreien und mit einem sauberen Tuch sorgfältig trockentupfen.
2. Eine große Pfanne leicht einölen und auf hoher Stufe erhitzen. Die Pilze hineingeben (die Pfanne nicht zu voll füllen; eventuell mit zwei Pfannen arbeiten) und braten; achtgeben, dass sie nicht verbrennen.
3. In einem kleinen Topf die Dashi, den Sake und den Mirin zum Kochen bringen. Vom Herd nehmen und die Sojasauce unterrühren.
4. Den Daikon schälen und möglichst auf einer japanischen Reibe ganz fein reiben. In einem Sieb überschüssiges Wasser abtropfen. Die Frühlingszwiebeln in feine Röllchen schneiden.
5. In einer Schüssel die gebratenen Pilze mit der Dashi-Mischung vermengen und 10 Minuten durchziehen lassen. Den abgetropften Daikon und die Hälfte der Frühlingszwiebeln untermengen und abschmecken.
6. Die Pilze in vier Schalen anrichten und servieren. Die restlichen Frühlingszwiebeln und die in Spalten geschnittene Kabuso (oder Limette) dazu reichen.

*** Tipp meiner Mutter**

Aus dem hiesigen Marktangebot empfehle ich für dieses Rezept Steinpilze, Totentrompeten, Semmel-Stoppelpilze, Austernseitlinge, Pfifferlinge, Shiitake, Enoki … Traditionell werden die Pilze in gewürzter Dashi gegart, ich bevorzuge jedoch diese noch schmackhaftere Version. Sind die Pilze sehr klein, sautieren Sie sie einfach sanft in etwas Öl.

Für nicht wenige Japaner ist Sanma, der Makrelenhecht, gleichbedeutend mit Herbst. Während der Fangperiode von August bis November kann der ebenso schmackhafte wie preiswerte Wanderfisch nicht oft genug auf den Tisch kommen. Sanma wird traditionell im Freien gegrillt – wegen der besonders starken Rauchentwicklung.

SANMA NO SIOYAKI

Gegrillter Makrelenhecht mit Daikon

FÜR 4 PERSONEN

4 Sanma (oder kleine Atlantische Makrelenhechte)
2 EL feines Salz
400 g Daikon oder anderer milder Rettich
2 Sudachi (japanische Zitrusfrucht) oder 1 Limette
Sojasauce zum Servieren

1. Die Fische gründlich waschen und abtrocknen. Mit dem Salz bestreuen und 10 Minuten einwirken lassen, um ihnen etwas Wasser zu entziehen.
2. Den Daikon schälen und fein reiben (möglichst auf einer japanischen Reibe). Überschüssiges Wasser ausdrücken. Die Sudachi halbieren (falls Sie Limetten verwenden, die Früchte vierteln).
3. Die Fische abtupfen und von beiden Seiten mehrfach einritzen.
4. Die Fische auf dem Holzkohle- oder unter dem Backofengrill grillen, bis sie goldbraun und durchgegart sind; ab und zu wenden.
5. Die Makrelenhechte mit dem geriebenen Daikon, den Sudachi (oder der Limette) und Sojasauce servieren.

* Tipp meiner Mutter

Da der Sanma zu den wenigen Fischen gehört, die man mit Haut und Haaren isst (mit Kopf und Innereien), muss er unbedingt ganz frisch sein. Frischen Fisch erkennt man an dem festen Fleisch, der glänzenden Haut, den klaren, prallen Augen und den leuchtend roten Kiemen. Tiefgefrorenen Sanma findet man auch im koreanischen und chinesischen Feinkosthandel. Sudachi ist eine kleine, saure und sehr aromatische Zitrusfrucht.

CAINZ HOME
木炭 3kg
バーベキュー用
木炭
3kg
大きめのサイズで、火持ちが
良いのが特長です。

新潟放送
ラジオNIKKEI
25

WINTER

Der Winter in Karuizawa ist lang und hart, dennoch habe ich daran nur schöne Erinnerungen aus meiner Kindheit. Wann immer sich die Gelegenheit bot, gingen meine Brüder und ich in die Berge, um nach einem verschneiten Hang zum Schlittenfahren zu suchen. Und wenn wir dann am Nachmittag hungrig zurückkamen, brachten wir frischen Schnee mit, den wir mit Milch übergossen und mit Zucker bestreuten. Für uns war es die leckerste Nachspeise der Welt, auch wenn unsere Mutter immer wieder mahnte, dass selbst der frischeste Neuschnee nicht besonders sauber sei ... Auch die kleinen Eiszapfen, die an den Ästen der Bäume glitzerten, schleckten wir für unser Leben gern. Zu Hause versammelte sich die ganze Familie rund um den *kotatsu*, eine Art beheizbaren Tisch, der aus einem niedrigen Gestell mit einer elektrischen Heizung darin und einer zwischen Gestell und Tischplatte geklemmten großen, dicken Decke besteht. Man setzt sich um den Tisch und schlüpft dabei möglichst weit unter die wärmende Decke – eine Oase inmitten des eisigen Zimmers. Der *kotatsu* ist weit entfernt von der Ästhetik des Zen, doch ist er ein sehr praktisches Möbelstück und ein Ort familiärer Zusammenkunft. Der Winter hatte für uns nichts Unangenehmes, im Gegenteil, er war gemütlich und gesellig.

Wer Winter sagt, muss auch *nabe* sagen! *Nabe* ist die japanische Form des Fondues. Das Prinzip ist ganz einfach. Alle versammeln sich um einen mit Brühe gefüllten Topf, der in der Tischmitte auf einem kleinen Gasbrenner steht. Rundherum verteilt man die vorgeschnittenen Zutaten und dann kann es auch schon losgehen. Zuletzt gibt man Reis oder Nudeln in die würzige Brühe, um sie in einen köstlichen Brei zu verwandeln. *Nabe* ist sehr nahrhaft, da es zugleich aus Brühe, Gemüse, Fisch und/oder Fleisch und kohlenhydrathaltigen Zutaten besteht. Außerdem ist es ein sehr geselliges Essen, bei dem jeder dem eigenen Appetit und Rhythmus folgt. Es gibt alle Arten von *nabe*, doch am liebsten mag ich Entenfondue, *kamo nabe*. Und vor allem liebe ich die Soba-Nudeln, die man zum Schluss mit der Brühe genießt.

KAMO NABE

Entenfondue **mit Gemüse und Tofu**

FÜR 4 PERSONEN

1 Blatt Kombu von 5 cm Kantenlänge
2 Entenkeulen
2 Entenbrustfilets
1 Bund Wasserkresse (Brunnenkresse)
4 Stangen Lauch
2 weiße Rübchen
8 Shiitake-Pilze
1 Tofu, in Würfel geschnitten
3 EL Sake
2 EL Mirin
4 EL Sojasauce
200 g Soba-Nudeln

ZUM SERVIEREN

Shichimi (Gewürzmischung, siehe „Tipp meiner Mutter" Seite 107)

1 *donabe* (japanischer Tontopf) oder ein anderer Fonduetopf aus Steingut
1 Gas-, Elektro- oder Spiritus-Rechaud

1. Einen Steinguttopf zur Hälfte mit Wasser füllen und den Kombu darin einweichen, während Sie die anderen Zutaten vorbereiten.

2. Die Entenkeulen auslösen (Knochen zurückbehalten) und das Fleisch in kleine Stücke schneiden. Die Brustfilets in 6–7 Millimeter dünne Scheiben schneiden.

3. Das Gemüse waschen und abtrocknen. Die Blätter von der Kresse abzupfen. Die Stiele an der Basis etwas kürzen, dann halbieren. Das Lauchgrün für die Brühe zurücklegen. Den weißen Teil bis auf zehn Zentimeter schräg in zwei Zentimeter dünne Scheiben schneiden, die restlichen zehn Zentimeter in feine Streifen schneiden (zum Garnieren der Soba-Nudeln). Die weißen Rüben schälen und vierteln. Die Stiele der Shiitake kappen, die Hüte kreuzweise einritzen. Sämtliche Zutaten, auch den Tofu, dekorativ auf zwei Tellern anrichten.

4. Die Entenknochen und das Lauchgrün zu dem Kombu in den Topf geben. Bei mittlerer Hitze zum Kochen bringen und 15 Minuten garen; regelmäßig abschäumen. Kombu, Knochen und Lauch herausnehmen. Den Sake, den Mirin und die Sojasauce unter die Brühe rühren.

5. Den Topf auf den Rechaud in die Tischmitte stellen. Für jeden Teilnehmer eine Schale, einen Löffel und ein Paar Stäbchen aufdecken. Außerdem benötigen Sie zwei lange Stäbchen, um die Zutaten in der Brühe zu bewegen, und eine Schaumkelle zum Herausheben des Tofus.

6. Zuerst die Zutaten in die Brühe geben, die am längsten benötigen, wie das Keulenfleisch, den Lauch, die Rüben und die Kressestiele. Während sie garen, die anderen Zutaten, die weniger Zeit brauchen, wie das Brustfleisch und die Kresseblätter in der Brühe gar ziehen lassen. Der Tofu, der nur erhitzt werden muss und unempfindlich ist, kann ebenfalls gleich zu Beginn hineingegeben werden. Je nachdem wie die Zutaten gar sind, kann sich jeder nach eigenem Gusto bedienen. Die Häppchen vor dem Verzehr mit einer Prise Shichimi würzen.

7. Zum Abschluss die Soba-Nudeln in kochendem Wasser in 5–6 Minuten al dente kochen. In ein Sieb gießen, unter fließendem Wasser kalt abschrecken und aneinanderreiben, um möglichst viel von der anhaftenden Stärke zu entfernen. Auf einer Bambusmatte (oder in einer Schale) anrichten und servieren.

8. Die Brühe mit weiterem Mirin und Sojasauce würzen, sodass sie noch kräftiger und salziger ist als zu Beginn. Auf die Schalen verteilen, ein paar Soba-Nudeln hineintauchen und mit den Lauchstreifen und Shichimi genießen.

*** Tipp meiner Mutter**

Einen *donabe* (japanischer Tontopf) und den dazugehörigen kleinen Gasbrenner finden Sie im Asia-Laden. Shichimi ist eine japanische Sieben-Gewürzemischung aus Sansho, Mohn, Chili, Nori, Sesam, Orangenschale und Leinsamen. Je nach Hersteller fällt sie unterschiedlich kräftig aus.

Hoto ist eine Spezialität aus der Region Yamanashi, die nicht weit von unserer Heimat liegt. Deshalb gehört dieser leckere Eintopf mit hausgemachten Nudeln auch zum Küchenrepertoire meiner Mutter. Nur, dass bei uns die Brühe mit Sojasauce gewürzt wird und nicht mit Miso wie beim Originalrezept. Im Unterschied zu Udon- oder Soba-Nudeln, die separat gegart und dann in die heiße Brühe gegeben werden, gart man die dicken Hoto-Nudeln gleich mit dem Gemüse direkt in der Brühe. Diese Technik verleiht dem Gericht eine besonders cremige Beschaffenheit, die das Miso noch wunderbar unterstreicht. Mit Sojasauce statt Miso wird das Ergebnis etwas leichter.

HÔTÔ

Eintopf mit hausgemachten Nudeln **und Gemüse**

FÜR 4 PERSONEN

FÜR DIE NUDELN

20 g Salz
400 g Mehl, plus Mehl zum Bestäuben
200 ml Wasser

FÜR DIE BRÜHE

1 Stange Lauch
¼ Chinakohl
1 Karotte
½ Aubergine
10 cm Daikon oder anderer milder Rettich
2 Stücke frittierter Tofu (*abura-age*, siehe Seite 30)
2 Stücke getrockneter Tofu *(koya dofu)*, in Wasser eingeweicht
¼ Hokkaido-Kürbis
100 g Austernpilze
4 EL Pflanzenöl
800 ml Dashi (Seite 15)
2 EL Sake
120 g Miso (etwa 6 EL)

ZUM SERVIEREN

Das Weiße von 1 Lauchstange oder 2 Frühlingszwiebeln, in feine Streifen oder Röllchen geschnitten
Shichimi (Gewürzmischung, siehe „Tipp meiner Mutter" Seite 107)

1. Zuerst den Nudelteig zubereiten. Das Salz in dem Wasser auflösen. Das Mehl in eine Schüssel streuen, nach und nach das Wasser zugießen und mit einer Hand zu einem glatten, aber nicht klebenden Teig verarbeiten (eventuell benötigen Sie nicht die gesamte Wassermenge). Den Teig auf eine bemehlte Arbeitsfläche legen und weiter durchkneten, bis er geschmeidig ist. In einen Plastikbeutel stecken und mindestens 1 Stunde bei Raumtemperatur ruhen lassen.

2. Den Teig auf der bemehlten Arbeitsfläche erneut kurz durchkneten und in vier Bälle zerteilen. Mit einem Wellholz den ersten Teigball 3–5 Millimeter dünn ausrollen, großzügig mit Mehl bestäuben und vierfach zusammenfalten. Die anderen drei Teigbälle in gleicher Weise ausrollen und falten. Die Teigpakete quer zur Faltung in ein Zentimeter breite Nudeln schneiden, mit weiterem Mehl bestäuben und kurz durchheben, damit sie nicht zusammenkleben.

.../...

Es ist nicht schwer, die Hoto-Nudeln selbst herzustellen, wenn man Schritt für Schritt nach der Anleitung vorgeht. Wichtig ist es, den Teig 1 Stunde in einem Plastikbeutel ruhen zu lassen, bevor er ausgerollt wird.

.../...

*** Tipp meiner Mutter**

Wie bei allen herzhaften Gerichten gibt es auch für *hoto* keine strikten Regeln. Kein Gemüse, das sich nicht durch ein anderes ersetzen ließe. Mein *hoto* ist ein vegetarisches Essen, doch ist es nicht verboten, Huhn oder Schweinefleisch hinzuzufügen. Wer einmal die Version mit Sojasauce probieren möchte, ersetze das Miso durch vier Esslöffel Sojasauce.
Koya dofu ist getrockneter Tofu und eine wichtige Eiweißquelle der buddhistischen Mönche von Koyasan. Vor dem Gebrauch muss er einige Minuten in Wasser eingeweicht und anschließend ausgedrückt werden.

3. Den Lauch schräg in feine Scheiben schneiden. Den Chinakohl, die geschälte Karotte, die Aubergine, den geschälten Daikon sowie den frittierten und den eingeweichten getrockneten Tofu in Stifte bzw. Streifen schneiden. Den Kürbis ungeschält würfeln, die Austernpilze in kleine Stücke schneiden.

4. In einem großen Topf das Öl auf großer Stufe erhitzen. Das Gemüse und den Tofu darin 5 Minuten anschwitzen. Die Dashi und den Sake zugießen und zum Kochen bringen. Die Brühe abschäumen und auf kleiner Flamme 20 Minuten köcheln lassen, bis das Gemüse gar ist.

5. Das Miso durch ein Sieb in die Brühe passieren (um Klümpchen zu vermeiden) und in der Brühe auflösen. Die Brühe abschmecken.

6. Die Nudeln hineingeben, darauf achten, dass sie nicht zusammenkleben, und einige Minuten in der Brühe gar ziehen lassen.

7. Sobald die Nudeln gar sind, ein letztes Mal abschmecken und mit dem rohen Lauch und Shichimi zum Würzen servieren.

Aus Nagano stammt eine Spezialität mit dem Namen *oyaki*. Das ist ein kleines, rundes, flaches Salzgebäck, das mit verschiedenen Gemüsen gefüllt wird und als Ausgleich für den Mangel an Reis in dieser klimatisch rauen Gegend erfunden wurde. Der Verlockung dieses kleinen einfachen Snacks, der längst zum Emblem der Regionalküche geworden ist, erliegen auch zahlreiche Touristen. Früher wurde das Gebäck zunächst gegrillt und dann in der Asche fertig gebacken, heute wird es in der Pfanne gebraten und dann gedämpft. Die Füllung, nach wie vor nur aus Gemüse (die Armut lässt grüßen), wird häufig mit einer süßsalzigen Sauce aus Sojasauce, Miso und Zucker gewürzt.

O
Y
A
K
I

Oyaki

ERGIBT 20 STÜCK

FÜR DEN TEIG

500 g Mehl, plus Mehl zum Bestäuben
1 TL feines Salz
350 ml kochend heißes Wasser

ZUM GAREN

2–3 EL Sonnenblumenöl (für einen neutralen Geschmack) bzw. Sesam- oder Olivenöl (wenn Sie es etwas aromatischer mögen)

1. Das Mehl und das Salz in einer Schüssel vermengen. Das heiße Wasser zugießen und dabei mit zwei Stäbchen (oder einer Gabel) rühren. Sobald sich ein Teig zu bilden beginnt, die Masse auf die bemehlte Arbeitsfläche stürzen und mit den Händen etwa 10 Minuten kneten, bis sie glatt und geschmeidig ist.

2. Den Teig zu einem Kloß formen, erst in ein feuchtes Tuch einschlagen, dann in Frischhaltefolie wickeln und bei Raumtemperatur mindestens 30 Minuten ruhen lassen.

3. Den Teig in 20 gleich große Stücke zerteilen. Ein Teigstück zu einem Kreis von etwa 12 Zentimeter Durchmesser ausrollen. In die Mitte zwei gehäufte Teelöffel der Füllung setzen, den Teig darüber zusammenschlagen und den Rand mit den Fingern fest versiegeln. Zuletzt die Teigtasche in eine flache, rundliche Form bringen. Den restlichen Teig in gleicher Weise verarbeiten.

4. In einer Pfanne das Öl auf mittlerer Stufe erhitzen und die Teigtäschchen von beiden Seiten goldgelb anbraten.

5. Die Teigtäschchen nebeneinander ohne Überlappungen in einen Dämpfkorb legen und bei starker Hitze 10 Minuten im Dampf garen.

Vorschläge für die Füllung:

Aubergine mit Miso
Eine Aubergine streifig schälen, in kleine Würfel schneiden und in 2 Esslöffeln Sonnenblumenöl braten, bis sie goldbraun und weich ist. Mit je 2 Esslöffeln Sake und braunem Miso sowie 1 Esslöffel Zucker und ½ Esslöffel Sojasauce würzen.

Kürbis
300 g Kürbisfleisch im Dampf oder in der Mikrowelle garen, zerstampfen und mit ½ Teelöffel Salz und 2 Esslöffeln Zucker würzen. Vor dem Füllen der Teigtaschen empfiehlt es sich, noch einige Sesamsamen unter die Farce zu mengen.

Pilze
200 Gramm gemischte Pilze (Austernpilze und Shiitake z. B.) klein schneiden und mit einer gehackten Knoblauchzehe in 2 Esslöffeln Olivenöl sautieren. 2 Esslöffel Sake und 2 Esslöffel Sojasauce zugeben und verdampfen lassen.

Mangold und Pinienkerne
Hierfür habe ich mich von der Mangold-Tarte aus Nizza inspirieren lassen. Eine kleine Staude Mangold in feine Streifen schneiden und mit einem kleinen roten Chili in 2 Esslöffeln Olivenöl anschwitzen. 1 Esslöffel Zucker und je 2 Esslöffel Sake und Sojasauce zugeben und zugedeckt auf kleiner Flamme 15 Minuten garen. Den Deckel abnehmen und die Flüssigkeit vollständig verkochen lassen. Zuletzt 2 Esslöffel geröstete Pinienkerne untermengen.

FESTTAGS-GERICHTE

DAS JAPANISCHE JAHR IST GESPICKT MIT UNZÄHLIGEN TRADITIONELLEN VOLKSFESTEN, DEN MATSURI. ES VERGEHT KEIN MONAT, IN DEM ES NICHT IRGENDEIN FEST ODER EREIGNIS ZU FEIERN GÄBE, DARUNTER ZAHLREICHE RITUELLE FEIERN SCHINTOISTISCHEN URSPRUNGS ZU EHREN UNZÄHLIGER GOTTHEITEN (KAMI). DIESE FESTE SIND EINE ZEIT ENGER FAMILIÄRER BANDE.

NEUJAHR

Oshogatsu, das japanische Neujahrsfest, ist eines der wichtigsten Feste des Jahres. Zur Begrüßung des Jahresgottes *(toshigamisama)* wird das Haus makellos hergerichtet und geschmückt. Die Mahlzeiten für die ersten drei Tage des Jahres müssen im Voraus zubereitet werden, denn ab dem Abend des 31. Dezembers verpflichtet die Tradition zum Nichtstun! Die für den feierlichen Anlass vorbereiteten Speisen *(osechi ryori)* werden in einem *oju bako*, einem kunstvoll lackierten Kästchen mit drei oder fünf Etagen präsentiert, eine Art Bento für besondere Anlässe. Die Zusammenstellung der *osechi ryori* hat symbolische Bedeutung, jede Zubereitung drückt einen Wunsch aus: Riesengarnelen stehen für ein langes Leben, Heringsrogen für Fruchtbarkeit, Maronencreme für Reichtum ...

Den Abend des 31. Dezembers verbringen die Japaner im Kreise der Familie, um Soba zu essen, jene langen, dünnen Buchweizennudeln, die ebenfalls ein Symbol für ein langes, glückliches Leben sind, wie ärmlich es auch immer sein mag. Um Mitternacht schlagen die Gongs aller buddhistischen Tempel 108 Mal und viele Japaner versammeln sich am örtlichen Shinto-Tempel, um ihre Wünsche und guten Vorsätze vorzubringen. Keine Feier, keine Knallerei, das Land ist in absolute Stille gehüllt. Pssst! Der Jahresgott kommt!

二〇〇八年
お母さんと
頭が良くなりま
す様に
AYAME
○頭がよくなりますように。
○きゅう食をぜん部たべられるよ
うに。

Die erste Mahlzeit des Jahres beginnt mit einer Schale *ozoni*, einer Brühe mit *mochi*, eine Art Klebreisküchlein (*mochi* ist in Japan untrennbar mit Festtagen verbunden, vor allem mit Neujahr), und anderen Zutaten aus der Erde und dem Meer. Die Rezeptur der traditionellen *ozoni* variiert von Region zu Region, je nach ihren jeweiligen Spezialitäten. Doch lassen sich zwei große Grundrichtungen unterscheiden. Im Osten Japans ist die Brühe klar, sie wird mit Sojasauce gewürzt und der *mochi* ist rechteckig und wird gegrillt, bevor er in die Suppe kommt. Im Westen des Landes ist die Suppe trübe, da man dort mit Miso würzt, und der *mochi* ist rund und wird direkt in der Brühe gegart. Ich stamme aus dem Osten und dies ist das Rezept meiner Mutter, das ich auch in Paris zu Neujahr zubereite.

O
Z
Ô
N
I

Neujahrssuppe **mit Mochi**

FÜR 4 PERSONEN

4 getrocknete Shiitake-Pilze
oder 1 Büschel Shimeji-Pilze
(Buchenpilze), in vier Teile zerteilt
800 ml Dashi (Seite 15)
½ Hähnchenkeule, ausgelöst
½ Karotte
5 cm Daikon oder anderer
milder Rettich
50 g Spinat
2 EL Sake
4 mittelgroße Garnelen (z. B.
Tiefseegarnelen), geschält
1 TL Salz
1 TL Sojasauce
8 Stücke Mochi (Reiskuchen)
Abgeriebene Schale von 1 unbehandelten Yuzu (Zitrusfrucht)

1. Die Shiitake mindestens 1 Stunde in 100 Milliliter Wasser einweichen.
2. Die Dashi zubereiten (siehe Seite 15).
3. Die Hähnchenkeule in acht Stücke schneiden. Die halbe Karotte und den Daikon schälen, der Länge nach vierteln und in drei Millimeter dünne Scheibchen schneiden.
4. Die Shiitake halbieren. Das Einweichwasser durch ein Sieb in die Dashi passieren.
5. Den Spinat in kochendem Salzwasser 2–3 Minuten blanchieren und unter fließendem Wasser kalt abschrecken. Gut ausdrücken und in vier Teile schneiden.
6. Die Dashi in einem Topf bei starker Hitze zum Kochen bringen. Den Sake, das Hähnchenfleisch, die Karotte, den Daikon und die Shiitake (oder Shimeji) hineingeben und garen.
7. Sobald die Zutaten gar sind (nach etwa 5 Minuten), die Garnelen hinzufügen und mit dem Salz und der Sojasauce würzen.
8. Die Mochi unter dem vorgeheizten Backofengrill grillen, bis sie sich aufgebläht haben.
9. Die Mochi, den Spinat und die festen Zutaten aus der Bouillon in vier großen glasierten Schalen dekorativ anrichten. Vorsichtig die heiße Brühe darüberschöpfen, mit der Yuzu-Schale bestreuen und sofort servieren.

Eines der unausweichlichen Gerichte an Neujahr ist *onishime*, eine in Dashi gegarte Auswahl an Gemüse. Man verwendet dafür verschiedenes Wurzelgemüse wie Karotten, Daikon, Lotoswurzel oder Taro, das man mit getrockneten Zutaten wie Shiitake-Pilzen oder Tofu kombiniert. Ein richtiges *onishime* erfordert zuallererst eine erstklassige Dashi, in der dann die Zutaten nacheinander gegart werden. Da es viel Arbeit macht, bereiten wir seit einigen Jahren stattdessen *chikuzen-ni* zu, ein aus der Provinz Chikuzen stammendes, ähnliches, aber weniger aufwendiges Gericht. Man benötigt dazu nicht einmal eine Dashi, da das Huhn bereits für ausreichend Geschmack sorgt.

CHIKUZEN-NI

Hähnchen-Gemüsetopf

nach Art von Chikuzen

FÜR 4 PERSONEN

6 getrocknete Shiitake-Pilze
1 Karotte
1 Lotoswurzel
2 Tarowurzeln
1 Gobo (Klettenwurzel)
1 Konnyaku (siehe „Tipp meiner Mutter")
1 Hähnchenkeule, ausgelöst
200 ml Sake
80 ml Sojasauce
50 g Zucker
2 EL Pflanzenöl

*** Tipp meiner Mutter**

Konnyaku ist ein festes Gelee, das aus der Konjakwurzel hergestellt wird. Da es kaum Eigengeschmack hat, nimmt es beim Garen das Aroma der anderen Zutaten gut auf. *Konnyaku* ist sehr kalorienarm und daher für alle, die Diät halten müssen, sehr zu empfehlen.

1. Die Shiitake-Pilze in einer kleinen Schale 1 Stunde in lauwarmem Wasser einweichen, dann halbieren.
2. Die Karotte, die Lotoswurzel und die Taros schälen. Die Gobo unter fließendem Wasser abbürsten.
3. Sämtliches Gemüse schräg in kleine Stücke schneiden und dabei nach jedem Schnitt ein Stückchen drehen (diese Schnittform nennt man *rangiri*). Das Konnyaku mit der Hand in Stücke von derselben Größe wie das Gemüse zerteilen. Die Hähnchenkeule mit der Haut in kleine Stücke schneiden.
4. In einem Topf Wasser zum Kochen bringen und die Konnyaku-Stücke 2–3 Minuten blanchieren. Abtropfen.
5. In einem weiteren Topf den Sake und 200 Milliliter Wasser zum Kochen bringen. Das Hähnchenfleisch hineingeben und 3–4 Minuten garen. Die Brühe abschäumen, die Sojasauce und den Zucker unterrühren und weitere 15 Minuten kochen.
6. Inzwischen in einem großen Topf das Öl erhitzen. Das Gemüse und das Konnyaku darin bei starker Hitze anschwitzen. Sobald das Gemüse glasig ist, die Hühnerbrühe zugießen, das Fleisch jedoch zurückhalten. Mit einem mehrfach durchstochenen Stück Pergamentpapier *(otoshi buta)* zudecken und 20 Minuten leise köcheln lassen, bis das Gemüse weich, aber noch nicht zerfallen ist. Jetzt sollte nur noch wenig Flüssigkeit im Topf sein. Andernfalls das Papier herausnehmen und die überschüssige Flüssigkeit rasch verkochen lassen.
7. Das Hähnchenfleisch hineingeben, noch einmal 5 Minuten erhitzen, abschmecken und servieren.

Der im Pazifik zwischen Hawaii und Japan verbreitete Gelbschwanz (japanisch Buri) ist ein bei Japanern sehr begehrter Fisch. Sein schmackhaftes Fleisch, das sowohl roh als auch gegart verzehrt wird, steht von Weihnachten bis zum Februar, wenn es besonders fett ist, hoch im Kurs. So ist es kein Zufall, dass der Buri in manchen Gegenden Japans auch an Neujahr auf dem Speiseplan steht. In meiner Heimat ist das Buri-Teriyaki am Silvesterabend ebenso wenig wegzudenken wie die Soba-Nudeln.

BURI NO TERIYAKI

Gelbschwanz-Teriyaki

FÜR 4 PERSONEN

60 ml Sojasauce
60 ml Mirin
30 ml Sake
4 dünne Scheiben (je etwa 150 g) Gelbschwanzfilet (Ersatz siehe „Tipp meiner Mutter")
1 EL Pflanzenöl

1. In einer Schale die Sojasauce, den Mirin und den Sake miteinander verrühren.
2. Die Fischstücke in die Mischung einlegen und mindestens 1 Stunde marinieren. Nach der Hälfte der Zeit wenden. Anschließend abtropfen lassen; die Marinade aufbewahren.
3. Das Öl in einer großen beschichteten Pfanne erhitzen und den Fisch auf mittlerer Stufe 5 Minuten braten. Nach der Hälfte der Garzeit umdrehen.
4. Die Marinade über den Fisch gießen und die Sauce sirupartig einkochen. Dabei die Fischstücke behutsam in der Sauce wenden, bis sie überglänzt sind. Gleich servieren.

*** Tipp meiner Mutter**

Der Gelbschwanz gehört zu den Stachelmakrelen und ist auf dem europäischen Markt schwer zu bekommen. Nehmen Sie stattdessen Lachs oder Schwertfisch. Auf Teriyaki-Art zubereitet, schmecken sie genauso gut.

Bohnen zum Jahresauftakt haben in Japan große Tradition. *Mame,* das japanische Wort für Bohnen, bedeutet auch „fleißig" und „in guter Gesundheit". So bringen Bohnen an Neujahr den Wunsch nach Gesundheit und viel Arbeit zum Ausdruck. Traditionell verwendet man schwarze Bohnen *(kuromame),* deren dunkle Farbe die bösen Geister verjagen soll, doch meine Mutter gibt einer anderen Sorte den Vorzug, der in unserer Gegend verbreiteten *hanamame.* Es sind sehr dicke Bohnen von schöner schwarz-violett marmorierter Erscheinung. Ihre schillernde Oberfläche ist wie geschaffen für eine Zubereitung in Sirup.

HANAMAME NO KANRO-NI

Bohnen in Sirup

FÜR 4 PERSONEN

500 g Hanamame (oder andere getrocknete Bohnenkerne)
500 g brauner Zucker
1 Prise Salz

1. Die Bohnen über Nacht in reichlich kaltem Wasser einweichen.
2. Die abgetropften Bohnen in einem großen Topf mit Wasser bedecken und zum Kochen bringen. Abgießen, mit frischem Wasser erneut aufsetzen und wieder zum Kochen bringen. Diesen Vorgang noch zweimal wiederholen.
3. Die abgetropften Bohnen erneut in dem Topf mit kaltem Wasser bedecken. Ein Stück Pergamentpapier in der Größe des Topfes zurechtschneiden, durchstechen und direkt auf die Bohnen in den Topf legen *(kami buta).* Rasch zum Kochen bringen und zugedeckt auf niedrigster Stufe köcheln lassen, bis die Bohnen weich sind.
4. Den braunen Zucker zugeben und unbedeckt weitere 20 Minuten garen.
5. Die Bohnen salzen, behutsam umrühren und in ihrem Sirup abkühlen lassen.

*** Tipp meiner Mutter**

Damit die Bohnen nicht zu weich werden, sollte man den Garvorgang gut im Auge behalten und darauf achten, dass immer genug Flüssigkeit im Topf ist. Erst wenn sie gar sind, gibt man den Zucker hinzu. Am besten bereitet man die Bohnen am Vortag zu und stellt sie nach dem Abkühlen in den Kühlschrank, denn kalt schmecken sie am besten. An sich schon ein Genuss, serviere ich zu den Bohnen auch gern Vanilleeis oder Joghurt.

MÄDCHENFEST UND KNABENFEST

Jedes Jahr am 3. März feiern die Japaner das Mädchenfest, *hina matsuri* (wörtlich „Puppenfest"). An diesem Tag holen alle Familien, die ein Mädchen haben, ihre *ohinasama* heraus, einen Satz Puppen, die sämtliche Personen am kaiserlichen Hof der Heian-Zeit darstellen. Man baut sie auf einem mit rotem Tuch bedeckten Podest auf und ganz oben thronen Kaiser und Kaiserin in ihren prachtvollen Kimonos. Am Tag betrachtete ich meine *ohinasama* mit großem Vergnügen, doch abends wagte ich es kaum, an ihnen vorbeizugehen, so sehr schüchterten mich ihre Gestalten im Halbdunkel ein!
Da ich zwei Brüder habe, feierten wir am 5. Mai auch das *kodomonohi*, das Knabenfest. Im Haus wurde ein kleiner Samuraihelm zur Schau gestellt, während man draußen an einer Bambusstange *koinobori* aufsteigen ließ, riesige Karpfendrachen, die in allen möglichen Farben flatterten und Mut und Ausdauer symbolisieren.
Diese Feste, mit denen man den Kindern Glück und Gesundheit wünscht, sind wichtige Bräuche und die vielen bunten Karpfendrachen im Wind sind einfach ein wunderschöner Anblick!

Im März haben Venus- und Teppichmuscheln Hochsaison, was erklärt, warum zum Mädchenfest die traditionelle Venusmuschelsuppe zubereitet wird. Leider machen sich Venusmuscheln als Folge von Überfischung und Verschmutzung der Meere an unseren Küsten zunehmend rar. Die auf dem Markt angebotene Ware wird überwiegend aus Korea und China importiert. Meine Mutter gibt vor dem Servieren noch einige Chrysanthemen hinein, ein kleines augenzwinkerndes Zugeständnis an ein Fest Marke „typisch Mädchen".

HAMAGURI NO OSUIMONO

Klare Venusmuschelsuppe

1. Den Kombu mit einem sauberen Tuch behutsam abwischen, ohne den weißen Belag (Unami-Kristalle) zu entfernen. Mit dem Wasser in einen Topf geben und 1 Stunde weichen lassen.
2. Die Venusmuscheln in kaltem Wasser waschen. Abtropfen, zu dem Kombu in den Topf geben und ganz langsam zum Kochen bringen.
3. Sobald das Wasser aufkocht, den Kombu herausnehmen und die Muscheln auf kleiner Flamme 3 Minuten garen.
4. Die Suppe mit der Sojasauce und Salz würzen.
5. Die Suppe auf vier Schalen verteilen, je ein Sansho-Blatt und ein paar Chrysanthemen-Blütenblätter hineingeben und heiß servieren.

FÜR 4 PERSONEN

1 Blatt Kombu von 5 cm Kantenlänge
500 ml Wasser
8 große Venusmuscheln (Clams)
½ TL Sojasauce
1 Prise Salz

ZUM SERVIEREN

4 junge Sansho-Blätter
Essbare Chrysanthemenblüten (ersatzweise Löwenzahnblüten)

* Tipp meiner Mutter

Damit die Brühe nicht trübe wird, muss sie unbedingt auf ganz kleiner Flamme gegart werden. Die Sansho-Blätter lassen sich durch anderes dekoratives Grün (Koriander, Petersilie, Zitronenmelisse ...) ersetzen, auch wenn das Aroma nicht das gleiche ist.

Chirashi-Sushi **für Mädchen,** Chirashi-Sushi **für Jungen**

Sushi beschränkt sich nicht auf die bekannten *makis* oder *nigiris*. Es gibt noch viele andere Sushi-Formen, denn es ist der gesäuerte Reis *(sumeshi)* und nicht der Fisch, der charakteristisch für Sushi ist. *Chirashi-sushi* gehört auch dazu. *Chirashi* bedeutet „verstreut". Bei dieser Sushi-Form werden verschiedene rohe oder gegarte Zutaten auf dem gesäuerten Reis verteilt. Es ist ein zwangloses Essen, das man häufig zu Hause zubereitet, um ein Ereignis zu feiern. Zum Mädchenfest machte meine Mutter für mich immer ein *chirashi* in zarten Frühlingsfarben. Zum Knabenfest servierte sie es dagegen mit gegrilltem Aal. Die Zusammenstellung eines *chirashi-sushi* ist völlig frei.

SUMESHI

Gesäuerter Reis

FÜR 4 PERSONEN

550 ml japanischer Rundkornreis
550 ml Wasser
1 Blatt Kombu von 5 cm Kantenlänge
5 EL japanischer Reisessig
2 EL Zucker
1 TL Salz

1. Den Reis wie auf Seite 10 beschrieben zubereiten. Beim Weichen den Kombu mit ins Wasser geben.
2. Den Essig, den Zucker und das Salz verrühren. Sie können die Mischung in einem kleinen Topf leicht erwärmen, damit sich Zucker und Salz schneller auflösen.
3. Den Kombu herausnehmen und den noch kochend heißen Reis in eine Schüssel geben. Die Essigmischung zugießen und mit einem Spatel behutsam untermengen. Den Reis mit einem leicht befeuchteten Tuch zudecken und abkühlen lassen, bis er lauwarm ist.

*** Tipp meiner Mutter**

Für den Sushi-Reis *(sushimeshi)* nimmt man etwas weniger Wasser als für gewöhnlichen Reis, da nach dem Garen noch der Essig hinzukommt. Gemischt werden Reis und Essig traditionell in einem großen Bottich aus Hinoki-Holz (Scheinzypresse), der dem Reis eine leicht holzige Note verleiht.

HINAMATSURI NO CHIRASHIZUSHI

Chirashi-Sushi **zum Mädchenfest**

FÜR 4 PERSONEN

10 Garnelen
100 g in Essig marinierter Kohada (gefleckter Pazifikhering; Ersatz: mildes Matjesfilet)
3 EL geröstete Sesamsamen
50 g Keta-Kaviar

FÜR DEN SUSHI-REIS

550 ml Sushi-Reis, nach Anleitung auf Seite 134 zubereitet

FÜR DIE LOTOSWURZEL

100 g Lotoswurzel
3 EL Reisessig
3 EL Wasser
1 EL Zucker
1 Prise Salz

FÜR DIE ZUCKERSCHOTEN

100 g Zuckerschoten
½ EL Sojasauce

FÜR DIE OMELETTS

2 Eier
½ EL Zucker
1 Prise Salz
Pflanzenöl

ZUM SERVIEREN

Essbare Chrysanthemenblüten (oder andere essbare Blüten)
In Essig eingelegter Ingwer

1. Die Lotoswurzel schälen, längs halbieren und in feine Scheiben schneiden.

2. In einem kleinen Topf den Reisessig, das Wasser, den Zucker und das Salz zum Kochen bringen. Die Lotosscheiben hineingeben und bei mittlerer Hitze 3–4 Minuten blanchieren. In der Flüssigkeit abkühlen lassen.

3. Die Zuckerschoten, falls nötig, abfädeln und in kochendem Salzwasser 2 Minuten blanchieren. Unter fließendem Wasser kalt abschrecken, abtropfen und in Streifen schneiden. Mit der Sojasauce würzen.

4. Die Garnelen schälen und die Hälfte der Länge nach halbieren. Den Rest in kleine Stücke schneiden. Den Kohada ebenfalls in kleine Stücke schneiden.

5. Für die Omeletts in einer Schüssel die Eier mit dem Zucker und Salz verschlagen. Eine beschichtete Pfanne leicht einölen und darin mehrere hauchdünne Omeletts backen (wie Crêpes). Die Omeletts übereinander auf ein Brett legen, aufrollen und in dünne Streifen schneiden.

6. Die Hälfte des abgetropften Lotos in kleine Dreiecke schneiden und in den lauwarmen Reis geben. Die Sesamsamen, die Hälfte der Zuckerschoten, die gewürfelten Garnelen und die Hälfte des Kohadas hinzufügen und mit einem Spatel vorsichtig vermengen.

7. Den Reis auf eine große, flache Schale häufen oder auf vier Teller verteilen. Die restlichen Zutaten, die Omelettstreifen und den Keta-Kaviar darauf anrichten. Mit den Chrysanthemen-Blütenblättern bestreuen und mit eingelegtem Ingwer servieren.

KODOMONOHI NO CHIRASHIZUSHI

Chirashi-Sushi zum Knabenfest

FÜR 4 PERSONEN

15 Shiso-Blätter
40 g in Essig eingelegter Ingwer
3 EL Shibazuke (japanische Gemüse-Pickles) oder 2 EL Yukari (gesalzene, getrocknete und zerkleinerte Shiso-Blätter)
3 EL geröstete Sesamsamen

FÜR DEN SUSHI-REIS

550 ml japanischer Rundkornreis
550 ml Wasser
1 Blatt Kombu von 5 cm Kantenlänge
5 EL japanischer Reisessig
2 EL Zucker
1 TL Salz

FÜR DEN AAL

2 tiefgefrorene Kabayaki-Filets (gebratener Aal), aufgetaut
3 EL Sake

FÜR DIE GURKE

1 Salatgurke
1 TL Salz

FÜR DIE OMELETTS

2 Eier
½ EL Zucker
1 Prise Salz
Pflanzenöl

ZUM SERVIEREN

Einige Nori-Blätter

1. Den Sushi-Reis wie auf Seite 134 beschrieben zubereiten.
2. Den Aal und den Sake in eine Pfanne geben und zugedeckt auf kleiner Flamme 10 Minuten garen. Auf ein Brett legen und in kleine Stücke schneiden.
3. Die Gurke streifig (Zebrastreifenmuster) schälen, der Länge nach halbieren und mit einem Löffel die Kerne herauslösen. So dünn wie möglich in Scheiben schneiden und in eine Schüssel geben. Die Gurken mit dem Salz bestreuen und gründlich durchmischen, bis sie ihr Wasser abgegeben haben. Gut ausdrücken.
4. Die Shiso-Blätter und den eingelegten Ingwer in feine Streifen schneiden. Das Shibazuke (eine Art Pickles auf Gurkenbasis, gewürzt mit Shiso) grob hacken.
5. Für die Omeletts in einer Schüssel die Eier mit dem Zucker und Salz verschlagen. Eine beschichtete Pfanne leicht einölen und darin mehrere hauchdünne Omeletts backen (wie Crêpes). Die Omeletts übereinander auf ein Brett legen, aufrollen und in dünne Streifen schneiden.
6. Die gerösteten Sesamsamen, die Shiso- und Ingwerstreifen, das gehackte Shibuzake sowie die Hälfte des Aals und der Gurke in den Reis geben und mit einem Spatel vorsichtig untermengen.
7. Den Reis auf eine große flache Schale häufen oder auf vier Teller verteilen. Die restlichen Zutaten und die Omelettstreifen darauf anrichten.
8. Mit zerkrümeltem Nori bestreuen und servieren.

Dass der Frühling für Japaner eine ganz besondere Jahreszeit ist, hängt zweifelsohne mit der Kirschblüte zusammen. Der *sakura* (Kirschbaum) ist nicht nur ein wichtiges Frühlingssymbol, er ist Teil unserer kulturellen Identität. Kein Wunder also, dass uns diese in ein aromatisches Kirschblatt gehüllten Reisküchlein ans Herz gewachsen sind. Im März und April schmücken die *sakura mochi* überall die Auslagen der Konditoreien. Sie sind keine offizielle Festtagsleckerei des *hina matsuri*, doch viele servieren sie zu diesem Anlass, weil ihr zartes Rosa so wunderbar zu einem Fest für junge Mädchen passt.

SAKURA MOCHI

Reisküchlein **im Kirschblatt**

ERGIBT 10 SAKURA MOCHI

10 gesalzene Kirschblätter
(Ersatz: Weinblätter in Salzlake)
200 ml Wasser
2 EL Zucker
1 Tropfen rote Lebensmittelfarbe
150 g Domyoji-Reismehl
(siehe „Tipp meiner Mutter")
200 g Anko (rote Bohnenpaste aus Azuki-Bohnen, in Dosen erhältlich)

1. Die Kirschblätter (oder Weinblätter) zum Entsalzen in kaltes Wasser einlegen.
2. In einem kleinen Topf das Wasser mit dem Zucker und dem Farbstoff bei starker Hitze zum Kochen bringt. Sobald es aufwallt, vom Herd nehmen und das Reismehl einstreuen. Mit einem Holzlöffel umrühren und zugedeckt 5 Minuten quellen lassen.
3. Die Masse in einen doppelt mit feuchtem Tuch ausgelegten Dämpfkorb geben und zugedeckt 20 Minuten dämpfen.
4. Den Teig in eine Schüssel legen, mit Frischhaltefolie bedecken und 30 Minuten ruhen lassen.
5. Den Teig in zehn Teile zerteilen (befeuchten Sie die Hände, dann geht es leichter). Ein Teigstückchen auf dem Handteller abflachen, in die Mitte 20 Gramm Anko geben und den Teig darüberschlagen. Die Ränder versiegeln und das Küchlein in eine ovale Form bringen. Auf diese Weise zehn Küchlein formen.
6. Die Kirschblätter (oder Weinblätter) mit einem sauberen Tuch abtrocknen. Jedes Reisküchlein mit einem Kirschblatt (oder Weinblatt) umwickeln und servieren.

*** Tipp meiner Mutter**

Essen Sie das Küchlein samt Kirschblatt, es schmeckt köstlich! Domyoji ist ein körniges Mehl aus Klebreis, der zunächst gedämpft, dann getrocknet und schließlich zerstoßen wird.

In der Hoffnung, es möge den jungen Knaben ein glückliches Leben bescheren, wickelt man diese *mochi* in ein Kashiwa-Blatt, ein Blatt der japanischen Eiche. Ein symbolträchtiges Sinnbild, wenn man bedenkt, dass dieser Baum seine alten Blätter erst abwirft, wenn die neuen voll entwickelt sind. Joshinko-Reismehl verleiht den Küchlein eine üppig-cremige Beschaffenheit. Im Gegensatz zu *sakura mochi,* die man samt Kirschblatt isst, ist das Eichenblatt nicht genießbar. Dennoch verleiht es dieser einfachen Leckerei für Jungen ein feines Aroma.

KASHIWA MOCHI

Reisküchlein
im Eichenblatt

ERGIBT 8 KASHIWA MOCHI

8 Eichenblätter (Ersatz: feste Blätter vom Eichblattsalat)
150 g Anko (Rote Bohnenpaste aus Azuki-Bohnen, in Dosen erhältlich)
120 g Joshinko-Reismehl
100 ml kochendes Wasser
50 g Shiratamako (Klebreismehl)
3 EL Wasser

1. Die Eichenblätter waschen und in kochendem Wasser 2 Minuten blanchieren. In kaltem Wasser abschrecken, abtropfen und mit einem Tuch abtrocknen. (Salatblätter nur waschen, nicht blanchieren!)
2. Die Anko-Paste in acht Portionen teilen und zu Kügelchen rollen.
3. Das Joshinko-Mehl in eine Schüssel streuen und mit dem kochenden Wasser übergießen. Mit Stäbchen (oder einer Gabel) verrühren und, sobald die Mischung etwas abgekühlt ist, mit der Hand zu einem glatten Teig verarbeiten.
4. Einen Dämpfkorb mit einem feuchten Tuch auskleiden. Den Teig hineinlegen und 20 Minuten im Dampf garen.
5. Das Shiratamako-Mehl und die drei Esslöffel Wasser in eine Schale geben und mit der Hand zu einem weder zu weichen noch zu festen Teig verkneten.
6. Den Joshinko-Teig in das Tuch einwickeln und auf die Arbeitsfläche legen. Den Teig in dem Tuch 5 Minuten mit einem Stößel bearbeiten. Aus dem Tuch wickeln und in eine Schüssel mit kaltem Wasser legen. Den Teig darin abkühlen lassen, bis er formbar ist.
7. Den Teig wieder auf die Arbeitsplatte legen, den Shiratamako-Teig darauflegen und beides zu einem glatten, geschmeidigen Teig verkneten. In acht Stücke zerteilen.
8. Die Hände befeuchten, ein Teigstück aufnehmen und zu einem Oval formen, das an einem Ende etwas dicker ist. Eine Anko-Kugel auf das dünnere Ende setzen und das dickere so darüberschlagen, dass ein Halbmond entsteht. Den Rand zum Versiegeln zusammendrücken. Auf diese Weise acht Küchlein formen.
9. Den Dämpfkorb erneut mit einem feuchten Tuch auskleiden. Die Küchlein einlegen und 10 Minuten im Dampf garen. Anschließend mit kaltem Wasser übergießen, damit sie schön glänzen.
10. Die Reisküchlein in ein Eichenblatt oder Salatblatt wickeln und vor dem Genießen abkühlen lassen.

PERSÖNLICHE FESTTAGE

Freudige Ereignisse wie eine Hochzeit, eine Geburt, einen erfolgreichen Schulabschluss oder einen beruflichen Aufstieg feiern die Japaner mit bestimmten traditionellen Speisen wie Sushi oder gebratenem Aal. Bei großen Anlässen tischen viele meiner Landsleute Rindfleisch auf, aber nicht irgendwelches, sondern kein geringeres als Wagyu-Rind, eine regionale Rasse, die in klassischer „Handarbeit" gezüchtet wird und international besser als Kobe-Rind bekannt ist. Regelmäßige Massagen, klassische Musik, Bier ... kein Aufwand wird gescheut, um das Tier zu verwöhnen und ihm jeglichen Stress zu ersparen. Das Ergebnis ist wunderbar marmoriertes, butterzartes Fleisch, eine absolute Delikatesse!

Osekihan, „roter Reis", ist seit Jahr und Tag *das* japanische Festtagsgericht. Kaum eine Gelegenheit wird ausgelassen, um den mit Azuki-Bohnen eingefärbten Reis, dessen Farbe die bösen Geister vertreiben soll, auf den Tisch zu bringen.

Als ich kurz vor der Entbindung meines ersten Sohnes stand, traf meine Mutter mit einem Koffer voller Klebreis und Azuki-Bohnen in Paris ein! Zur Feier der Geburt bereitete sie daraus einen traditionellen Osekihan und verriet mir bei der Gelegenheit auch, dass Azuki-Bohnen die Milchproduktion anregen.

OSEKIHAN

Klebreis mit roten Bohnen

FÜR 4 PERSONEN

80 g Azuki-Bohnen
500 g Klebreis
1 EL Zucker
1 TL Salz

ZUM SERVIEREN

Gomasio

1. Die Azuki-Bohnen in einem Topf mit Wasser bedecken und zum Kochen bringen. Abschäumen und 20 Minuten garen, bis sie fast weich sind.
2. Den Klebreis mehrfach in frischem Wasser waschen und abtropfen.
3. Die Bohnen abgießen und 1½ Tassen des Kochwassers (etwa 350 Milliliter) auffangen.
4. Den Klebreis in einen größeren Topf geben, mit dem Bohnenwasser übergießen und mindestens 1 Stunde weichen lassen.
5. Den Zucker und das Salz unter den Reis mengen, auf großer Stufe zum Kochen bringen und dabei mit einem Holzspatel behutsam umrühren. Sobald der Reis sämtliche Flüssigkeit aufgenommen hat, von der Kochstelle nehmen.
6. In einem Dämpftopf reichlich Wasser zum Kochen bringen. Den Dämpfkorb mit einem feuchten Tuch auslegen und den Reis darauf ausbreiten. Die Azuki-Bohnen auf dem Reis verteilen und mit einem weiteren feuchten Tuch bedecken (falls das untere Tuch groß genug ist, können Sie es einfach über Reis und Bohnen schlagen). Den Deckel auflegen und bei starker Hitze 45 Minuten dämpfen. Ab und zu den Wasserstand im Topf kontrollieren und eventuell verkochtes Wasser ergänzen.
7. Den Osekihan warm oder raumtemperiert mit Gomasio bestreut servieren.

Als Kind mochte ich Sushi mit Gemüse nicht so gern. Doch eines Tages, ich muss 12 oder 13 Jahre alt gewesen sein, half ich meiner Mutter bei der Zubereitung von Futomaki mit Spinat und Ei. Ich erinnere mich noch, wie ich anschließend in mein Tagebuch schrieb: „Mamas Futomaki schmeckten ganz nett". Seither mag ich auch vegetarische Sushis.

FUTOMAKI

Futomaki **vegetarisch**

ERGIBT 4 FUTOMAKI

FÜR DEN SUSHI-REIS

550 ml japanischer Rundkornreis
550 ml Wasser
1 Blatt Kombu von 5 cm Kantenlänge
5 EL japanischer Reisessig
2 EL Zucker
1 TL Salz

FÜR DIE GARNITUR

4 Eier
2 EL Zucker
2 Prisen Salz
1 EL Pflanzenöl
300 g Spinat
4 große Nori-Blätter

Zum Rollen der Makis
1 Bambusmatte (*makisu;* ersatzweise ein Bogen Pergamentpapier)

ZUM SERVIEREN

Sojasauce
Wasabi
In Essig eingelegter Ingwer

1. Den Sushi-Reis wie auf Seite 134 beschrieben zubereiten.
2. Die Eier in einer Schüssel mit dem Salz und dem Zucker verschlagen. In einer kleinen viereckigen Pfanne (einer speziellen japanischen Omelettpfanne) in etwas Öl ein dickes Omelett backen; nach der Hälfte der Garzeit wenden. Sie können das Omelett auch in einer quadratischen Backform (20 x 20 cm) zubereiten: die Form einölen, doppelt mit Pergamentpapier auslegen, das Ei einfüllen und 15 Minuten im 180 °C heißen Ofen backen.
3. Das Omelett auf ein Brett gleiten lassen und in lange Streifen schneiden.
4. Den Spinat waschen, abtropfen und in reichlich kochendem Salzwasser 3 Minuten blanchieren. In einer Schüssel mit kaltem Wasser abschrecken, abtropfen und gut ausdrücken. Zu vier Häufchen formen.
5. Die Bambusmatte auf der sauberen Arbeitsfläche ausrollen und ein Nori-Blatt darauflegen. Etwa 150 Gramm Sushi-Reis auf mehrere Stellen verteilen und mit den Fingerspitzen gleichmäßig auf dem Nori verteilen; am unteren Rand einen, am oberen Rand zwei Zentimeter frei lassen.
6. Etwas unterhalb der Mitte ein Viertel der Omelettstreifen und ein Häufchen Spinat über die gesamte Breite der Reisfläche verteilen. Mithilfe der Matte Reis, Omelett und Spinat ganz fest in das Nori-Blatt einwickeln. Die Matte 2 Minuten aufgerollt lassen, bevor Sie die anderen drei Futomaki rollen.
7. Die Futomaki in je acht Stücke schneiden und mit Sojasauce, Wasabi und eingelegtem Ingwer servieren.

Inari ist die Gottheit *(kami)* des Getreides. Um ihr zu danken oder eine gute Ernte zu erbitten, bereitet man dieses einfache, in frittierten Tofu gehüllte Sushi. Warum frittierter Tofu? Weil es angeblich die Lieblingsspeise des Fuchses ist, des Boten von Inari. Im Osten Japans ist das Inari-Sushi oval, wie ein Reissack *(komedawara)* aus geflochtenem Stroh, geformt. Im Westen ist es dreieckig und erinnert an Fuchsohren! In beiden Fällen ist die Füllung ganz einfach – Sushi-Reis *(sumeshi)* in seiner Grundform oder mit irgendwelchen Kleinigkeiten wie Sesamsamen, Hijiki-Algen oder Ingwer angereichert.

INARIZUSHI

Inari-Sushi

ERGIBT 16 INARI-SUSHIS

8 frittierte Tofu (abura-age, siehe Seite 30)
200 ml Wasser
80 ml Sojasauce
100 g Zucker
1 EL Mirin

FÜR DEN SUSHI-REIS

550 ml japanischer Rundkornreis
550 ml Wasser
1 Blatt Kombu von 5 cm Kantenlänge
5 EL japanischer Reisessig
2 EL Zucker
1 TL Salz
6 EL geröstete Sesamsamen

ZUM SERVIEREN

In Essig eingelegter Ingwer

1. Am Vortag die Tofu-Taschen vorbereiten: Den Tofu in je zwei Quadrate oder Dreiecke schneiden und vorsichtig aufschneiden, sodass eine Tasche entsteht. Aufpassen, dass sie nicht reißen.
2. In einem Topf Wasser zum Kochen bringen und die Tofu-Taschen darin 2–3 Minuten blanchieren. Abtropfen lassen.
3. Das Wasser, die Sojasauce, den Zucker und den Mirin in einem Topf vermengen. Zum Kochen bringen, den sorgfältig abgetropften Tofu hineingeben und auf mittlerer Stufe 20 Minuten garen. Über Nacht in der Brühe liegen lassen.
4. Den Sushi-Reis wie auf Seite 134 beschrieben zubereiten. Zuletzt die Sesamsamen untermengen.
5. Aus dem Sushi-Reis 16 Bällchen formen.
6. Den Tofu abtropfen, jedoch nicht ausdrücken. Mit den Sushi-Reisbällchen füllen.
7. Die Inari-Sushis mit eingelegtem Ingwer servieren.

*** Tipp meiner Mutter**

Das ganze Geheimnis, das diese einfachen Sushis in einen echten Leckerbissen verwandelt, besteht darin, die Tofu-Taschen am Vortag zuzubereiten.

Die Tofu-Taschen für Inari-Sushi bereitet meine Mutter immer einen Tag im Voraus zu und lässt sie dann über Nacht in ihrem süß-salzigen Garsud durchziehen. Am nächsten Tag füllt sie sie mit *sumeshi* (Sushi-Reis), den sie schlicht mit Sesam und Ingwer würzt. Das gesüßte Omelett und der blanchierte Spinat brauchen nur zu Futomaki gerollt zu werden.

Shabu-Shabu verdankt seinen Namen dem zischenden Geräusch, das die Rindfleischscheibe macht, wenn sie in die heiße Dashi getaucht wird. Dieses Rezept ähnelt dem chinesischen Fondue (vermutlich ist es davon inspiriert), ist aber weniger pikant. Heute bezeichnet Shabu-Shabu alle Gerichte, bei denen hauchdünne Scheiben Fisch oder Fleisch in Dashi gegart werden. Es gibt auch kaltes Shabu-Shabu, das wie ein Salat serviert wird. Da die Dashi selbst nicht gewürzt ist, taucht man die gegarten Zutaten vor dem Genuss in eine Sauce. Gewöhnlich werden zwei Saucen serviert, um für etwas Abwechslung zu sorgen: *gomadare*, ein cremiges Sesamdressing, und *ponzu*, ein erfrischender Dip mit dem Saft der *yuzu*, einer in Asien verbreiteten Zitrusfrucht.

SHABU SHABU

Shabu-Shabu mit Sesam- und Limettensauce

FÜR 4 PERSONEN

1 großes Kombu-Blatt von 15 cm Kantenlänge
100 g Kuzukuri-Nudeln (ersatzweise chinesische Vermicelli)
¼ Chinakohl
4 Stangen Lauch
1 Bund Wasserkresse (Brunnenkresse)
100 g Shiitake- oder Enoki-Pilze
1 Tofu
800 g Shabu-Shabu-Fleisch vom Rind (aus einem gut marmorierten Stück wie Entrecote), in hauchdünne Scheiben geschnitten)
100 ml Sake

FÜR DIE GOMADARE-SAUCE

6 EL japanische Sesampaste oder Tahin
2 EL Sojasauce
1 EL Reisessig
1 EL Zucker
60 ml Dashi (Seite 15)

1. Den Fonduetopf zur Hälfte mit Wasser füllen und den Kombu 30 Minuten darin einweichen.

2. Die Kuzukiri-Nudeln in kochendem Wasser 10 Minuten garen, bis sie glasig sind. Wenn Sie chinesische Vermicelli verwenden, beträgt die Garzeit nur 5 Minuten. Die Nudeln abgießen, unter fließendem Wasser kalt abschrecken und abtropfen.

3. Die Blattrippen und die zarten Blätter des Chinakohls voneinander trennen. Die Blattrippen in Streifen, die Blätter in große Vierecke schneiden. Den weißen Teil des Lauchs schräg in drei Zentimeter lange Stücke schneiden. Die Kressestiele in fünf Zentimeter lange Streifen schneiden. Die Stiele der Shiitake kappen (wenn Sie Enoki verwenden, die Basis der Büschel abschneiden). Den Tofu in acht Würfel zerteilen.

4. Sämtliche Zutaten mit den Rindfleischscheiben auf einer großen Platte anrichten.

5. Die beiden Dip-Saucen zubereiten: Für die *gomadare* einfach sämtliche Zutaten miteinander verrühren. Für die *ponzu* den Mirin erhitzen, damit der Alkohol verdampft, die gekörnte Dashi darin auflösen und dann die anderen Zutaten unterrühren.

6. Die Saucen in zwei Schalen füllen. Die Würzbeigaben zum Servieren vorbereiten und alles auf den Tisch stellen.

7. Das Wasser in dem Fonduetopf langsam zum Kochen bringen. Sobald es kocht, den Kombu herausnehmen und den Sake hineingeben.

8. Den Fonduetopf auf den Rechaud in die Tischmitte stellen.

9. Man beginnt zunächst mit den Zutaten, die am längsten benötigen wie die Blattrippen des Chinakohls, die Shiitake und die Kuzukiri-Nudeln. Während sie garen, mit den Stäbchen eine Scheibe Fleisch aufnehmen und in die Brühe tauchen. Sobald sie den gewünschten Gargrad erreicht hat, herausheben, in eine der Saucen tauchen und nach Belieben mit einer der Würzbeigaben genießen.

10. Denken Sie daran, die Brühe zwischendurch hin und wieder abzuschäumen, damit sie klar bleibt.

FÜR DIE PONZU-SAUCE

1 EL Mirin
¼ TL gekörnte Dashi
4 EL Limettensaft
1 EL Reisessig
5 EL Sojasauce

ZUM SERVIEREN

Frühlingszwiebelröllchen
Daikon (oder anderer Rettich), geschält und gerieben
Shichimi (Gewürzmischung, siehe „Tipp meiner Mutter“ Seite 107)

FÜR DAS FONDUE-GESCHIRR

1 Fonduetopf aus Steingut *(donabe)*
1 Gas-, Elektro- oder Spiritus-Rechaud

Shabu-shabu und sukiyaki sind zwei Fondue-Arten für hauchdünn geschnittenes Rindfleisch. Beim *shabu-shabu* werden Fleisch und Gemüse in einer Dashi-Brühe gegart, während beim *sukiyaki* die Zutaten mit Sojasauce und Zucker buchstäblich im eigenen Saft schmoren. Als Kind mochte ich *sukiyaki* wegen seines gehaltvollen, süßlichen Geschmacks lieber. Heute bevorzuge ich jedoch das feinere *shabu-shabu*. Urteilen Sie selbst!

Unter der Herrschaft der Tokugawa-Dynastie, besser als Edo-Zeit bekannt, war Japan zwei Jahrhunderte lang völlig von der Außenwelt abgeschlossen. Nach ihrem Sturz im Jahre 1867 erlebte das Land eine Periode tiefgreifender politischer und sozialer Veränderungen. Es öffnete sich dem Westen. In diese Zeit fällt die Erfindung des *sukiyaki*. Für die Menschen, die damals lebten, bedeutete der Genuss von Rindfleisch einen großen Schritt in Richtung Moderne, denn unter dem Tokugawa-Shogunat war der Verzehr von Fleisch strikt verboten. Restaurants, die *sukiyaki* anboten, kamen bald groß in Mode! Doch niemand hätte sich träumen lassen, dass dieses am Anfang einer neuen Ära geborene Fondue hundert Jahre später das beliebteste japanische Gericht in der westlichen Welt sein würde.

SUKIYAKI

Sukiyaki

FÜR 4 PERSONEN

¼ Chinakohl
4 Stangen Lauch
1 Bund Wasserkresse (Brunnenkresse)
100 g Shiitake- oder Enoki-Pilze
1 gegrillter Tofu *(yaki dofu)*
1 Päckchen Shirataki-Nudeln (Vermicelli aus der Konjakwurzel)
700 g Rindfleisch für Sukiyaki (Entrecote), in hauchdünne Scheiben geschnitten
4 Eier
1 Stückchen Rindertalg
200 g Udon-Nudeln, gegart

FÜR DIE WARISHITA-BRÜHE

100 ml Dashi (Seite 15)
100 ml Mirin
100 ml Sojasauce
50 ml Sake
2 EL Zucker

FONDUE-GESCHIRR

1 gusseiserner Fonduetopf, *sukiyaki* genannt (ersatzweise ein Schmortopf oder eine gusseiserne Backform)
1 Gas-, Elektro- oder Spiritus-Rechaud

1. Die Blattrippen und die zarten Blätter des Chinakohls voneinander trennen. Die Blattrippen in Streifen, die Blätter in große Vierecke schneiden. Den weißen Teil des Lauchs schräg in drei Zentimeter lange Stücke schneiden. Die Kressestiele in fünf Zentimeter lange Streifen schneiden. Die Stiele der Shiitake kappen (wenn Sie Enoki verwenden, die Basis der Büschel abschneiden). Den Tofu in acht Würfel zerteilen.

2. Die Shirataki-Nudeln 3 Minuten in kochendem Wasser garen. Abgießen, unter fließendem Wasser kalt abschrecken und abtropfen. Mit einer Schere in zehn Zentimeter lange Stücke schneiden.

3. Für die Warishita-Brühe sämtliche Zutaten in einem Topf vermengen und auf großer Stufe erhitzen, bis sich der Zucker aufgelöst hat.

4. Das Gemüse, den Tofu, die Shirataki und die Rindfleischscheiben auf einer großen Platte anrichten und neben den Rechaud auf den Tisch stellen. Die rohen Eier in vier Schälchen legen.

5. Den Fonduetopf auf den Rechaud stellen. Das Rinderfett in dem Topf zerlassen und beginnen, die ersten Fleischscheiben und Lauchstücke darin zu braten.

6. Die Hälfte der Warishita-Brühe zugießen und dann die Zutaten Ihrer Wahl zum Garen hineingeben. Wer möchte, kann ein Ei in einem Schälchen aufschlagen, leicht verquirlen und das Fleisch und Gemüse vor dem Garen hineintauchen. Wird die Brühe mit der Zeit zu salzig, etwas Dashi oder Wasser zugießen. Wird sie zu dünn, mit weiterer Warishita nachwürzen.

7. Zuletzt die gegarten Udon-Nudeln in der restlichen Brühe erhitzen und genießen.

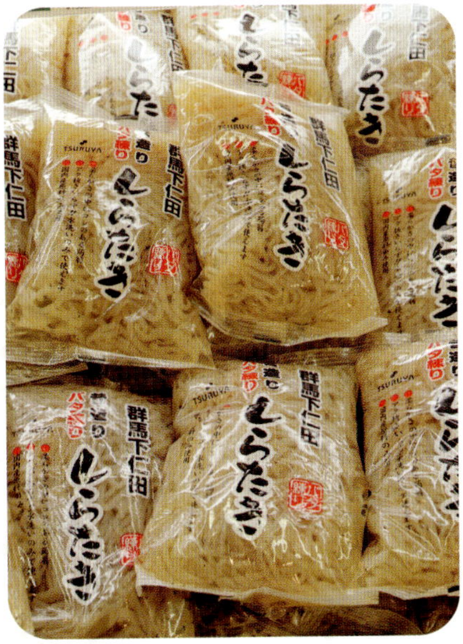

KINDHEITS-ERINNERUNGEN

ICH MUSS IMMER WIEDER AN DIE GERICHTE DENKEN, DIE MEINE MUTTER FÜR MICH KOCHTE, ALS ICH NOCH EIN KIND WAR, UND JEDES MAL ÜBERKOMMT MICH EIN BISSCHEN NOSTALGIE. DIE REZEPTE MEINER MUTTER NACHZUKOCHEN, BEDEUTET FÜR MICH, EINEN TEIL MEINER KINDHEIT WIEDERZUFINDEN UND MEINE WURZELN ZU FESTIGEN.

BENTO

Für eine japanische Mutter gehört das Bento zu den täglichen Beschäftigungen. Um es zusammenzustellen, muss sie sehr früh am Morgen aufstehen, damit genügend Zeit ist, den Reis zu kochen und die *okazu* (Beigaben) zuzubereiten, bevor die Kinder zur Schule aufbrechen. Diese Bento-Boxen, die wir dann in der Mittagspause erwartungsvoll öffneten, haben nichts mit einem französischen Picknick gemein. Als ich das erste Mal mit französischen Freunden picknicken ging, war ich richtig schockiert, als ich sah, was sie da alles lose in ihren Taschen verstaut hatten. Ich traute mich kaum, meine Bento-Kästchen zu öffnen, in denen ich hübsch säuberlich meine vielen selbst gemachten Häppchen und *onigiris* drapiert hatte. Ich kam mir lächerlich vor, so viel Zeit für meinen Imbiss aufgewendet zu haben. Natürlich waren sie *die* Attraktion, doch hütete ich mich davor, diese Erfahrung zu wiederholen. Meine Bentos sind meinen Kindern vorbehalten, damit sie die Kästchen mit der gleichen Freude öffnen wie ich damals, denn dieser Moment ist genauso köstlich wie das Bento selbst!

ーボール

Tamagoyaki, wörtlich „gebratenes Ei", ist kein simples Spiegelei oder Omelett, wie der Name vermuten lässt. Im Gegenteil, es ist eines der feinsten Omeletts überhaupt. Seine Besonderheit besteht darin, dass es in mehreren dünnen Schichten gebacken und dabei nach und nach aufgerollt wird. *Tamagoyaki* ist für uns so eine Art Biskuit. Jenes, das meine Mutter für mich bereitete, war leuchtend gelb wie ein Küken, süß wie Kuchen und zeigte nicht die geringsten Spuren von Bräunung. Heute ist es mir ehrlich gesagt zu süß, nicht so meinen Kindern! Es kommt also auch vor, dass ich *tamagoyaki* ohne Zucker und mit Dashi gewürzt zubereite.

AMAYAKI TAMAGO

Süßes Tamagoyaki

für Kinder

Dieses Rezept geht ganz einfach, da das Ei nicht in mehreren Schichten gegart wird. Ich glaube, meine Mutter hat diese Version erfunden, als sie eines Morgens in aller Schnelle unsere Bentos herrichtete, bevor wir zur Schule mussten. Es ist ein Mittelding aus einem klassischen Omelett, einem *tamagoyaki* und einer Biskuitrolle.

FÜR 1 TAMAGOYAKI

3 Eier
2 EL Zucker
1 Prise Salz
½ EL Pflanzenöl
1 rechteckige Pfanne

1. Die Eier in eine Schüssel schlagen, den Zucker und das Salz zugeben und mit Stäbchen oder einer Gabel verquirlen.
2. In einer Pfanne etwas Öl auf mittlerer Stufe erhitzen und das verschlagene Ei hineingießen. Wie bei einem Rührei mit den Stäbchen weiterrühren.
3. Sobald das Ei von unten gestockt, an der Oberfläche aber noch leicht flüssig ist, das Omelett falten. Zunächst die vier Seiten zur Mitte klappen, dann das entstandene Quadrat noch einmal falten. Währenddessen die Hitze herunterstellen, damit Sie das *tamagoyaki* in Ruhe falten können, ohne dass es Farbe nimmt.
4. Das *tamagoyaki* auf einem Brett abkühlen lassen und dann in Stücke schneiden.

*** Tipp meiner Mutter**

Nur mit Salz und Zucker gewürzt, wird es ein Kinder-Tamagoyaki. Wichtig ist, dass es innen noch ein wenig weich (nicht flüssig) ist und außen keine Farbe annimmt. Wenn Sie mögen, können Sie noch einen Spritzer Sojasauce zugeben.

Dies ist das Tamagoyaki-Rezept nach Art von Kyoto mit reichlich Dashi. Für eine perfekte Form ist eine spezielle rechteckige Pfanne (vorzugsweise aus Gusseisen oder Kupfer) erforderlich.

DASHIMAKI TAMAGO

Tamagoyaki **mit Dashi**

FÜR 1 TAMAGOYAKI

3 Eier
70 ml Dashi (Seite 15)
1 TL helle Sojasauce
2 Prisen Salz
1 EL Pflanzenöl
1 rechteckige Pfanne (japanische Omelettpfanne)

ZUM SERVIEREN

10 cm Daikon oder anderer milder Rettich
1 Spritzer Sojasauce

*** Tipp meiner Mutter**

Wichtig für das Gelingen eines *dashimaki tamago* ist, die Pfanne gut zu erhitzen, damit die Eiermasse gleichmäßig gart. Auch darf das Ei nicht zu lange geschlagen werden, sonst verliert es an Bindung. Anders als das süße *tamagoyaki* darf diese Version ruhig ein wenig Farbe annehmen.

1. Die Eier mit der Dashi, der Sojasauce und dem Salz verschlagen.
2. Die Pfanne gut erhitzen und leicht einölen.
3. Ein Viertel der Eiermasse hineingießen und auf mittlerer Stufe garen. Sobald das Ei von unten gestockt, an der Oberfläche aber noch leicht sämig ist, das Omelett vom unteren zum oberen Pfannenrand aufrollen.
4. Die Omelettrolle ganz an den Pfannenrand schieben, den Boden erneut einölen und ein weiteres Viertel der Eiermasse eingießen. Die Omelettrolle leicht anheben, damit sich das Ei überall verteilen kann. Erneut stocken lassen und dieses Mal entgegengesetzt vom oberen zum unteren Pfannenrand um das bereits eingerollte Ei rollen.
5. Diesen Vorgang noch zweimal wiederholen, bis sämtliches Ei verarbeitet ist.
6. Das *tamagoyaki* auf eine Bambusmatte (*makisu*; eine Matte zum Rollen von *makis*) oder einen Bogen Pergamentpapier legen und darin einrollen. Die Matte beim Aufrollen behutsam auf Spannung bringen, damit das *tamagoyaki* eine gleichmäßige Form erhält. Abkühlen lassen.
7. Den Daikon schälen und auf einer japanischen Reibe reiben. Überschüssiges Wasser ausdrücken und den Rettich mit einem Spitzer Sojasauce würzen.
8. Das *tamagoyaki* in Stücke schneiden und mit dem gewürzten Daikon servieren.

Dieses einfache Gericht lässt sich heiß wie kalt genießen. Sie können den Spargel auch durch grüne Bohnen, gestiftelte Karotten, Pilze (vor allem Enoki schmecken gut) und vieles mehr ersetzen.

ASUPARA NO BUTANIKU MAKI

Spargelröllchen mit Speck

FÜR 4 PERSONEN

1 Bund grüner Spargel
300 g durchwachsener Speck (ohne Schwarte und Knorpel), in dünne Scheiben geschnitten
2 EL Sake
2 EL Sojasauce
Salz
Pfeffer

ZUM SERVIEREN

Zitronenecken (nach Belieben)

1. Den Spargel an den Enden kappen. Falls er sehr fest ist, die Stangen schälen. In je drei Stücke schneiden.
2. Je nach Dicke zwei, drei oder vier Spargelstücke mit einer Scheibe Speck umwickeln. Wenn sich das als etwas schwierig erweist, können Sie die Röllchen auch mit Holzspießen fixieren.
3. Eine Pfanne auf mittlerer Stufe erhitzen, die Röllchen ohne Fettzugabe einlegen und anbraten. Sobald der Speck etwas Farbe genommen hat, die Hitze herunterstellen und die Röllchen von allen Seiten weitergaren.
4. Wenn die Röllchen rundherum gut gebräunt sind, den Sake und die Sojasauce zugießen und rasch verkochen lassen; dabei die Pfanne rütteln. Mit Salz und Pfeffer würzen.
5. Die Spargelröllchen auf einer Platte anrichten und nach Belieben mit Zitronenecken servieren.

*** Tipp meiner Mutter**

Sie können abgepackten, in sehr dünne Scheiben geschnittenen Frühstücksspeck nehmen oder Ihren Metzger bitten, den Speck dünn aufzuschneiden. Wenn Sie ihn selbst schneiden, legen Sie ihn zuvor am besten für eine Stunde in den Gefrierschrank, dann geht es leichter.

In der Schule trafen wir uns in der Mittagspause immer mit den Klassenkameraden und tauschten das eine oder andere aus unserem Bento-Kästchen, vor allem *onigiri* (Reisbällchen). Ich erinnere mich noch gut an dieses merkwürdige Gefühl, wenn ich meinen Freunden aus Höflichkeit sagte, „Die *onigiri* von deiner Mutter schmecken aber gut". In Wirklichkeit fand nämlich jeder die von der eigenen Mutter am besten!

ONIGIRI

Gefüllte Reisbällchen

ERGIBT 8–10 STÜCK

550 ml japanischer Rundkornreis
600 ml Wasser
Feines Salz
2 Nori-Blätter (nach Belieben), jeweils längs geviertelt
Eine Füllung Ihrer Wahl: *umeboshi* (getrocknete, gesalzene Pflaumen), gegarter, zerpflückter Lachs, Thunfisch aus der Dose, Cocktailwürste etc.

*** Tipp meiner Mutter**

Seien Sie nicht zu pingelig beim Formen der *onigiri*. Lieber ein etwas unförmiges und dafür weiches Bällchen als ein makellos modelliertes, aber zu festes Dreieck.

1. Den Reis wie auf Seite 10 beschrieben garen.
2. Eine kleine Schüssel mit gesalzenem Wasser vorbereiten. Die Hände benetzten und etwa 100 Gramm gegarten Reis (ein kleines Schälchen voll) aufnehmen. Die Füllung in die Mitte platzieren und dann ohne Pressen ein weiches Reisbällchen formen. Ein gutes *onigiri* darf auf keinen Fall zu fest sein.
3. Das Bällchen durch leichten Druck mit den Handflächen in eine dreieckige Form bringen.
4. Das Reisbällchen nach Belieben in ein Stückchen Nori einschlagen. Den restlichen Reis in gleicher Weise zu *onigiri* verarbeiten.

Furai bedeutet „paniert und frittiert". Es ist lautmalerisch vom englischen *fry* für „frittieren" abgeleitet, bezieht sich allerdings nur auf Frittiertes, das zuvor mit Semmelmehl paniert wurde. An diesem Rezept ist nichts Kompliziertes, doch damit Ihre *ebi furai* nicht nach ganz gewöhnlichen frittierten Garnelen aussehen, sollten sie beim Garen unbedingt gerade bleiben – übrigens ein Erkennungsmerkmal für ein echt japanisches Restaurant! Es ändert überhaupt nichts am Geschmack, aber wir Japaner mögen es nun mal, wenn die Dinge gerade sind. Nicht mehr und nicht weniger!

EBI FURAÏ

Panierte Riesengarnelen **mit Tatarensauce**

FÜR 4 PERSONEN

12 Riesengarnelen
4 EL Mehl
1 Ei
1 große Tasse Panko-Mehl (japanisches Semmelmehl)
Salz
Pfeffer
Öl zum Frittieren

FÜR DIE TATARENSAUCE

½ rote Zwiebel
3–4 Cornichons
3–4 Zweige glatte Petersilie
125 ml Mayonnaise
Weinessig oder Zitronensaft
Zucker
Salz
Pfeffer

ZUM SERVIEREN

Grüner Salat
Zitronenecken
Bull-Dog®-Tonkatsu-Sauce (herzhafte Würzsauce)

1. Zuerst die Tatarensauce zubereiten: Die Zwiebel, die Cornichons und die Petersilie hacken. Unter die Mayonnaise rühren und mit Essig oder Zitronensaft sowie Zucker, Salz und Pfeffer abschmecken.

2. Die Riesengarnelen schälen, die Köpfe wegwerfen. Eine Garnele auf ein Brett legen und das Schwanzende kappen. Den Rücken der Länge nach einschneiden und den schwarzen Darm herausziehen. Aus dem mittleren Teil mit einer Messerspitze überschüssiges Wasser herausdrücken. Die Bauchseite mit vier oder fünf nicht zu tiefen schrägen Einschnitten versehen, sodass sich der Garnelenschwanz gerade ausstrecken lässt. Mit der Hand flach drücken – das Reißen des Gewebes verursacht dabei kleine knackende Geräusche; es verhindert, dass sich die Garnele beim Garen krümmt. Die anderen Garnelenschwänze in gleicher Weise vorbereiten.

.../...

.../...

3. Die Garnelen mit Salz und Pfeffer würzen. In dem Mehl wenden, durch das verschlagene Ei ziehen und sorgfältig mit dem Panko-Mehl panieren. Wenn Sie Ihre *ebi furai* lieber etwas dicker mögen, panieren Sie die Garnelen noch ein zweites Mal.

4. Ein Frittierbad vorbereiten und auf 180 °C erhitzen. Je nach Größe der Fritteuse jeweils vier oder fünf Garnelen auf einmal hineingeben und goldbraun und knusprig frittieren. Zwischendurch zwei- oder dreimal wenden. Sobald sie fertig sind, auf Küchenpapier abtropfen.

5. Die frittierten Garnelen heiß mit Tatarensauce und/oder Bull-Dog-Sauce sowie einem grünen Salat und Zitronenecken servieren.

* Tipp meiner Mutter

Das japanische Panko-Mehl ist für panierte und frittierte japanische Gerichte unverzichtbar. Sie finden es im asiatischen Lebensmittelhandel, können es aber auch ganz leicht selbst herstellen. Einfach Weißbrotkrume im Mixer zermahlen.

YOSHOKU – FREMDE EINFLÜSSE

Seltsamerweise sind es weder die Sushis noch die Tempuras aus meiner Kindheit, die mir besonders fehlen. Vielmehr sind es die *yoshoku,* japanische Speisen, die von westlichen Gerichten inspiriert sind. Mit dem Niedergang der Edo-Herrschaft und dem Beginn der Meiji-Zeit löste sich Japan aus seiner Isolation. In der Folge dieser Öffnung zum Westen tauchten die ersten Restaurants auf, die saucenhaltige Speisen, Frittiertes und andere westlich geprägte Gerichte anboten, wenn auch stets mit Reis! Meine Mutter fand Gefallen an diesem frischen kulinarischen Wind und versuchte, die fremdländischen Genüsse, die ihr so viel Vergnügen bereiteten, nachzukochen.

China spielt ebenfalls eine wichtige Rolle in unserer Familiengeschichte. Meine Großeltern väterlicherseits lebten von 1907 bis 1945 in der Mandschurei und auch mein Vater wuchs bis zu seinem achten Lebensjahr dort auf. Wenn seine japanischen Schulkameraden in der Pause ihre *onigiri* aßen, verputzte er mit Schweinefleisch gefüllte Hefeklöße und kleine Pfannkuchen mit Frühlingszwiebeln.

Alle diese Einflüsse spiegeln sich auf unserem familiären Esstisch wider.

オブセ
要冷蔵
10℃以下

Neben Tempura, einer Zubereitungsart, die gerade überall sehr in Mode ist, gibt es in der japanischen Küche noch eine ganze Reihe anderer frittierter Speisen. Da sind zuallererst die *katsu* und *furai*, die eigentlich eher panierte Gerichte sind. Zu derselben Kategorie zählen auch *tonkatsu* (paniertes Schweinefleisch), *kushikatsu* (panierte Spieße) und die *ebi furai* (panierte Riesengarmelen), die für meine Generation quasi ein Synonym für frittierte Speisen sind, während Tempura eher als altmodisch gilt. Der Begriff *menchi* ist vom englischen *minced* für „gehackt" abgeleitet, ein preiswertes *katsu* aus Hackfleisch.

MENCHI KATSU

Frittierte Hackfleischbällchen

FÜR 4 PERSONEN

1 große Zwiebel
50 g Weißbrotbrösel
3 EL Milch
600 g gemischtes Hackfleisch
2 Eier, davon 1 verschlagen
½ TL Salz
½ TL gemahlener Pfeffer
1 Prise geriebene Muskatnuss
½ Tasse Mehl
1 Tasse Panko-Mehl (japanisches Semmelmehl, siehe „Tipp meiner Mutter" Seite 170)
Öl zum Frittieren

ZUM SERVIEREN

¼ Weißkohl, in ganz feine Streifen geschnitten
Bull-Dog®-Tonkatsu-Sauce (herzhafte Würzsauce)
Worcestersauce

1. Die Zwiebel schälen und hacken. Die Weißbrotbrösel in der Milch einweichen.
2. Das Hackfleisch in eine Schüssel geben. Die Zwiebel, 1 Ei und die Weißbrotbrösel zufügen, mit Salz, Pfeffer und Muskatnuss würzen und mit der Hand alles gründlich vermengen.
3. Aus der Hackmasse acht Bällchen formen, in dem Mehl wenden, durch das verschlagene Ei ziehen und mit dem Panko-Mehl panieren.
4. Ein Frittierbad vorbereiten und auf 160 °C erhitzen. Die Hackfleischbällchen in Portionen zu zwei Stück frittieren und dabei gelegentlich wenden, bis sie goldbraun sind. Auf Küchenpapier abtropfen lassen.
5. Die *menchi katsu* heiß mit Weißkohl, Bull-Dog®-Sauce und Worcestersauce zum Würzen servieren.

Das *hayashi raisu* ist eines der Highlights der Yoshoku-Küche, neben dem *kare raisu,* dem japanischen Curry, das einen ähnlich hohen Stellenwert hat. *Hayashi raisu* ist die japanische Antwort auf *hashed beef with rice,* obwohl dieses Gericht in den angelsächsischen Ländern ganz anders zubereitet wird (*hash* ist die englische Bezeichnung für Haschee und hat nichts mit unserem *hayashi raisu* zu tun). Für mich zählt nur, dass es eines der Gerichte meiner Mutter ist, an das ich mit Wehmut zurückdenke.

HAYASHI RAISU

Rindergeschnetzeltes mit Reis

FÜR 4 PERSONEN

2 Scheiben aus dem Flachen Roastbeef
2 EL Mehl
3 Zwiebeln
1 Knoblauchzehe
1 EL Pflanzenöl
20 g Butter
1 Glas (200 ml) Rotwein
1 gehäufter EL Zucker
Salz
Pfeffer
Ketchup

FÜR DIE BRAUNE SAUCE

1 Stange Staudensellerie
½ Zwiebel
½ Karotte
20 g Butter
3 EL Mehl
200 g passierte Tomaten
1 TL Rotweinessig
1 EL Worcestersauce
1 EL Sojasauce
1 Lorbeerblatt
Salz
Pfeffer

ZUM SERVIEREN

Gedämpfter japanischer Reis

1. Zuerst die braune Sauce zubereiten. Den Sellerie, die Zwiebel und die Karotte hacken und in einem Topf in der Butter bei mittlerer Hitze 15 Minuten anschwitzen, bis das Gemüse etwas Farbe genommen hat. Das Mehl einstreuen und ebenfalls leicht bräunen. Die restlichen Zutaten zugeben und 20 Minuten köcheln lassen. Das Lorbeerblatt herausnehmen und die Sauce im Mixer pürieren.

2. Die Roastbeefscheiben in feine Streifen schneiden. Salzen, pfeffern und in dem Mehl wenden. Die Zwiebeln schälen und in fünf Millimeter dünne Streifen schneiden. Den Knoblauch schälen und hacken.

3. In einer großen Pfanne das Öl und die Butter auf großer Stufe erhitzen. Das Fleisch unter regelmäßigem Rühren von allen Seiten anbraten. Sobald es rundherum gebräunt ist, herausheben. Falls nötig, noch ein wenig Butter oder Öl hineingeben und die Zwiebeln darin glasig schwitzen. Den Knoblauch untermengen, das Fleisch wieder hineingeben und alles vermengen.

4. Den Rotwein zugießen, zum Kochen bringen und mit einem Holzlöffel den Bratensatz vom Pfannenboden rühren. Den Wein auf ein Drittel einkochen, die braune Sauce zugießen und 5 Minuten köcheln lassen.

5. In einer kleinen Pfanne den Zucker schmelzen und karamellisieren lassen. Mit einem Schuss Wasser verdünnen und die Mischung unter das Fleisch mengen.

6. Die Sauce noch einmal mit Salz und Pfeffer sowie mit der Sojasauce, Worcestersauce oder Ketchup abschmecken und mit Reis servieren.

*** Tipp meiner Mutter**

Für Yoshoku-Gerichte verwendet man häufig Worcestersauce und Ketchup, um ihnen einen westlichen Anstrich zu geben. Garen Sie das Geschnetzelte nicht zu lange, damit die Zwiebeln noch ein bisschen Biss behalten.

Die Japaner lieben diese Ravioli „auf chinesische Art". Bei uns sind *gyoza* eine richtige Familienangelegenheit. Schon meine Großmutter machte sie selbst, indem sie aus einem Mehl-Wasser-Teig mit dem Deckel einer Teedose runde Teigblätter ausstach. Als sie starb, übernahm meine Mutter die Zubereitung und führte ein paar kleine Veränderungen durch. Ihre Füllung enthält mehr Gemüse als Fleisch, im Gegensatz zu der meiner Großmutter. Da *gyoza* recht nahrhaft sind (Fleisch, Gemüse, Mehl), aßen wir sie zu Hause als eigenständige Mahlzeit. Bei der großen Zahl hungriger Münder (wir waren zu sechst) waren eine ganze Menge davon erforderlich, und die ganze Familie half bei der Zubereitung. Ich erinnere mich gern an diese gemeinsam in der Küche verbrachte Zeit.

GYÔZA

Ravioli auf chinesische Art

FÜR 4 PERSONEN

1/3 Chinakohl
1/2 EL Salz
350 g Schweinehack
1 EL Sojasauce
1 EL Austernsauce
1/2 EL Sake
1 EL Sesamöl
1 Bund Frühlingszwiebeln
1 Bund Nira (chinesischer Schnittknoblauch)
1 Knoblauchzehe
3 cm Ingwerwurzel
3 Pakete runde chinesische Wan-Tan-Blätter
3 EL Pflanzenöl

ZUM SERVIEREN

Sojasauce
Reisessig
Scharfes chinesisches Würzöl
Shichimi (Gewürzmischung, siehe "Tipp meiner Mutter" Seite 107)

1. Den Chinakohl hacken und in eine Schüssel geben. Mit dem Salz bestreuen, vermengen und ziehen lassen, während Sie die Füllung vorbereiten.
2. Das Hackfleisch in eine zweite Schüssel geben. Die Sojasauce, die Austernsauce, den Sake und das Sesamöl hinzufügen und mit den Händen alles gleichmäßig vermengen.
3. Die Frühlingszwiebeln, den Nira, den Knoblauch und den Ingwer hacken und unter die Hackmasse mengen.
4. Den Chinakohl gut ausdrücken und ebenfalls unter die Farce mischen.
5. Ein Schälchen Wasser bereitstellen. Ein Ravioliblatt auf die Handfläche legen und einen gehäuften Teelöffel der Farce daraufsetzen. Die Ränder mit den Fingern befeuchten, über die Füllung schlagen und Stück für Stück zusammendrücken; dabei den Saum mit kleinen Fältchen versehen. Die restlichen Teigblätter in gleicher Weise füllen und verschließen.
6. Eine gusseiserne Pfanne erhitzen, bis sie zu rauchen beginnt. Einige Sekunden abkühlen lassen, dann das Öl hineingeben. Die Ravioli nebeneinander einlegen und bei mittlerer Hitze 5 Minuten braten, bis sie gebräunt sind.

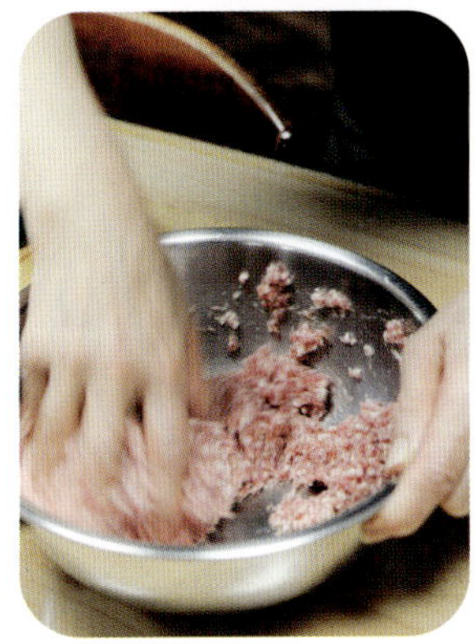

7. Die Ravioli zu einem Drittel mit Wasser bedecken und zugedeckt auf kleiner Flamme weitere 10 Minuten garen.

8. Den Deckel abnehmen und das verbliebene Wasser bei maximaler Hitze verkochen lassen.

9. Die Ravioli mit einem Holzspatel herausheben und mit der gebräunten Seite nach oben auf einer Platte anrichten.

10. Mit Sojasauce, Reisessig, chinesischem Würzöl und Shichimi servieren und nach Geschmack würzen.

*** Tipp meiner Mutter**

Die bereits küchenfertig gekauften Ravioliblätter sind sehr praktisch, doch wenn genügend Zeit ist, empfehle ich, sie selbst herzustellen. Alles, was man dazu benötigt, ist ein einfacher Mehl-Wasser-Teig.

Dass Ramen-Nudeln bei Ausländern so hoch im Kurs stehen, freut die Japaner, gleichzeitig bekümmert es sie, weil sie den chinesischen Nudeln abgeguckt sind. Wie dem auch sei, Ramen sind auch bei uns Japanern sehr beliebt. Bei dieser reichhaltigen Suppe wird zuerst der Schweinebauch gegart, der später als Einlage *(chashu)* dient, während er gleichzeitig die würzige Brühe für die Ramen-Nudeln liefert.

RÂMEN

Nudeleintopf mit Schweinefleisch **auf chinesische Art**

FÜR 4 PERSONEN

1 kg ausgelöster Schweinebauch und einige Knochen extra
Das Grüne von 1 Lauchstange
5–6 Scheiben frischer Ingwer (mit Schale)
1 ungeschälte Knoblauchzehe
2–3 Sternanis (nach Belieben)
1 TL schwarze Pfefferkörner
500 ml Bier

ZUM GLASIEREN DES FLEISCHS

5 EL Sojasauce
2 EL Sake
2 EL Zucker

ZUM WÜRZEN DER BRÜHE

4–6 EL Sojasauce
Gemahlener schwarzer Pfeffer

FÜR DIE EINLAGE

Das Weiße von 1 Lauchstange oder einige Frühlingszwiebeln
4 chinesische Nudelnester (frisch oder getrocknet)
4 kleine Nori-Blätter
1 Handvoll Spinat, Zuckerschoten oder Sojasprossen, gegart

1. Den Schweinebauch rollen und mit Küchengarn wie einen Braten binden. Bitten Sie eventuell Ihren Schlachter um Hilfe und lassen Sie sich nach Möglichkeit ein paar Knochen mitgeben.

2. Das Fleisch und die Knochen in einen großen Topf legen, mit kaltem Wasser bedecken und zum Kochen bringen. Abgießen und unter fließendem Wasser kalt abspülen.

3. Fleisch und Knochen in dem Topf erneut mit kaltem Wasser bedecken. Den Lauch, den Ingwer, den Knoblauch, den Sternanis (falls verwendet), den Pfeffer und das Bier zugeben und zum Kochen bringen. Abschäumen und unbedeckt auf kleiner Flamme 1 Stunde garen, bis das Fleisch ganz zart ist.

4. Das Fleisch herausheben und die Brühe durch ein Sieb passieren.

5. Für die Glasur in einem Topf, in dem das Fleisch gerade genug Platz hat, die Sojasauce, den Sake und den Zucker zum Kochen bringen. Das Fleisch einlegen und die Sauce einkochen lassen. Das Fleisch regelmäßig in dem Saft wenden, bis es rundherum überglänzt ist.

6. Die Brühe erhitzen und mit der Sojasauce und gemahlenem Pfeffer abschmecken. Heiß stellen.

7. Den Lauch oder die Frühlingszwiebeln für die Einlage in feine Streifen oder Röllchen schneiden. Das Fleisch in dünne Scheiben schneiden.

8. In einem Topf Wasser zum Kochen bringen und die Nudelnester darin al dente kochen. In ein Sieb gießen.

9. Die Nudeln auf vier große Suppenschalen verteilen und die Brühe darüberschöpfen. Mit dem Fleisch, dem Lauch, dem Nori und einem Gemüse nach Wahl garnieren und sofort servieren.

Zu den süßen Spezialitäten meiner Mutter zählen Gelees. Eines Tages hatte sie die Idee, ein Gelee mit Erdbeeren zu probieren, und es wurde ein Riesenerfolg. Doch hat sie es nie wieder so gut hinbekommen wie beim ersten Mal, obwohl sie es immer und immer versucht hat. Zu fest, zu weich, zu wenig Geschmack, zu konzentriert … Inzwischen ist es zu einer Art Ritual geworden, bei jedem neuen Versuch zu sagen: „Erinnerst du dich noch an dein erstes Erdbeergelee? Wie lecker es war?" Und so war es auch bei diesem!

ICHIGO ZERI

Erdbeergelee

FÜR 4 PERSONEN

500 g Erdbeeren (Gariguette, Mara des Bois oder die aus dem eigenen Garten)
1 Zitrone
4 Blatt Gelatine (etwa 6 g)
40 g Zucker (nach Belieben mehr)

ZUM SERVIEREN

Crème fraîche
Frische Minze

1. Die Erdbeeren waschen und entstielen. Den Saft der Zitrone auspressen. Die Gelatine in kaltem Wasser einweichen.
2. Die Erdbeeren mit dem Zucker im Mixer pürieren. In eine Schüssel gießen und, falls nötig, mit dem Zitronensaft und weiterem Zucker abschmecken.
3. Die Gelatine sorgfältig ausdrücken, in eine Schale geben und im heißen Wasserbad auflösen.
4. Etwas Erdbeerpüree unter die aufgelöste Gelatine rühren und die Mischung rasch unter das restliche Püree ziehen.
5. Das Gelee auf Schälchen verteilen und für einige Stunden in den Kühlschrank stellen, bis es fest ist.
6. Die Gelees auf Teller stürzen, mit frischer Minze und einem Klecks Crème fraîche garnieren und servieren.

*** Tipp meiner Mutter**

Ich mag Gelee am liebsten, wenn es nur eben geliert ist. Wenn Sie es etwas fester bevorzugen, erhöhen Sie einfach die Gelatinemenge.

Agar-Agar, oder *kanten*, wird in Japan schon immer für salzige und süße Zubereitungen verwendet. Seit ein Ernährungsexperte im Fernsehen die schlankmachende Wirkung dieses aus Rotalgen hergestellten Geliermittels pries, ist Agar-Agar groß in Mode. Meine Mutter, die ebenfalls der „Agar-Agar-Manie" verfiel, verwendet es heute auch für ihre Gelees.

KÔHÎ KANTEN PAFÉ

Agar-Agar-Becher mit Kaffee

FÜR 4 PERSONEN

150 ml Wasser
2 g gemahlenes Agar-Agar
200 ml starker Kaffee
4 EL Zucker
200 ml Schlagsahne
1 EL brauner Rum
50 g Mandelblättchen

1. In einem Topf das Wasser mit dem Agar-Agar zum Kochen bringen und dabei mit einem kleinen Schneebesen beständig rühren. 1 Minute kochen lassen.
2. Vom Herd nehmen, den Kaffee und drei Esslöffel Zucker zugeben und umrühren. In eine Schale gießen, etwas abkühlen lassen und für etwa 1 Stunde in den Kühlschrank stellen, bis das Gelee fest ist.
3. Die Sahne in einer Schüssel mit einem Schneebesen steif schlagen, bis sich weiche Spitzen bilden. Den restlichen Zucker und den Rum unterziehen.
4. Das Gelee mit einer Gabel in kleine Stücke zerpflücken.
5. Die Mandelblättchen in einer Pfanne rösten.
6. Das Gelee auf vier Dessertschalen verteilen, mit einer Sahnehaube und den gerösteten Mandeln garnieren und servieren.

Verzeichnis der Rezepte

Glossar*

Abura-age frittierte Tofuscheiben.

Beni Shoga in Streifen geschnittener, in Essig eingelegter und rot gefärbter Ingwer (Beigabe zu Sushi).

Daikon großer weißer Rettich, etwas milder als europäischer Gartenrettich, kann aber durch diesen ersetzt werden.

Dashi die allgegenwärtige Brühe aus Seetangblättern (Kombu) und Bonitoflocken (Katsuobushi-Flocken).

Gobo Klettenwurzel. Ähnelt der Schwarzwurzel. Gekocht in Dosen, manchmal frisch im Asia-Laden erhältlich.

Katsuobushi getrockneter, geräucherter Bonito. Zu Flocken gehobelt im Handel.

Kombu aromatischer, stark jodhaltiger Zuckerriementang.

Koya-Dofu getrockneter Tofu, der vor der Verwendung kurz eingeweicht wird.

Mirin gesüßter Reiswein, der nur als Würzmittel zum Kochen verwendet wird.

Miso Würzpaste aus fermentierten Sojabohnen, Reis, Gerste, Wasser und Meersalz für Suppen, Saucen und Marinaden. Helles Miso schmeckt etwas süßlich, dunkles kräftig und salzig.

Myoga japanischer Ingwer, dessen essbare Knospen und Blüten verwendet werden.

Nori geröstete Rotalgenblätter für Sushi. Mit der Schere in feine Streifen geschnitten, wird Nori auch als Gewürz auf Salate und Reis gestreut.

Ramen feine, geschmeidige Weizennudeln, stammen ursprünglich aus China.

Soba lange, dünne Buchweizennudeln.

Udon weiße Nudeln aus Weichweizen.

Sake Reiswein (wird auch zum Kochen verwendet).

Shoga Ingwerwurzel (siehe auch Beni Shoga)

Shiso aromatische Kräuterpflanze mit leicht minzigem Geschmack.

Shichimi (Sieben-Gewürze-Mischung, siehe Seite 107).

Shoyu japanische Sojasauce (hell und dunkel erhältlich).

Wakame Braunalgenart, meist getrocknet und eingesalzen erhältlich. Beliebt als Suppenzutat und Salat.

Wasabi scharfe grüne, meerrettichähnliche Wurzel. Wird gerieben und zu Pulver oder Paste verarbeitet und zu Sushi oder Sashimi gereicht.

* Die meisten der verwendeten Originalzutaten sind in Asia-Läden erhältlich. Darüber hinaus bietet das Internet zahlreiche Bestellmöglichkeiten.

Danksagung

Kaori Endo

Mein besonderer Dank gilt folgenden Personen:

Akiko Terayama, ohne die die Verwirklichung dieses Buches schwierig gewesen wäre.

Masashi Koyama, Yu Terayama und den Händlern von Karuizawa: Gemüsehändler Shiraishi, Schlachterei Fujita, Teehaus Azumaya und Supermarkt Tsuruya

Meiner Mutter Kioyko und meinem Vater Kanki Endo, die mir den Sinn für die gute häusliche Küche geschenkt haben.

Éditions de la Martinière – Atelier Saveurs und ganz besonders Aurélie Aminian.

Charles Lopes, der mich unterstützt und mir Mut gemacht hat.

Und schließlich ein großes Dankeschön an JAL.

Iris L. Sullivan

Ich danke Kiyoko Endo für ihre Gastfreundschaft und ihre hervorragende Küche, die der Motor dieses Projekts war, wie auch Takashi Endo für seine Liebenswürdigkeit.

Ganz besonders danken möchte ich Kenki Endo für seine aufmerksame Unterstützung, sein Entgegenkommen, seine Großzügigkeit, seine Freundschaft und für die wunderbaren morgendlichen Spaziergänge im Wald mit seinen Hunden!

Danke an Akiko Terayama, die mich während meines Aufenthalts in Karuizawa in ihrem Holzhaus so gastfreundlich aufnahm. Danke, dass sie mir ihr Zuhause zur Verfügung gestellt hat. Dieses einzigartige Haus mit seiner Einrichtung, der wunderbaren Auswahl an Geschirr und dem außergewöhnlichen Licht, in das dieser Ort getaucht ist, boten mir die denkbar besten Bedingungen für die Fotos in diesem Buch. Ihre Poesie, ihre Lebenskunst und ihre Aufgeschlossenheit waren eine Offenbarung.

Danke an Masashi für seine Gesellschaft, für das köstliche Essen in seinen Restaurants und für seine wertvolle Hilfe in Karuizawa und Tokio.

Danke an Yu, für ihre Gastfreundschaft in Tokio und für die Entdeckung einiger neuer Orte in dieser wunderbaren Stadt, die mir so ans Herz gewachsen ist.

Danke an Mughi, die Empfindsame. Ohne sie hätte mir bei diesem japanischen Abenteuer etwas gefehlt. Dieses Buch trägt die Spuren unserer Spaziergänge in den Reisfeldern am Rande von Kyoto, deren herzliche Atmosphäre selbst vom Regen nie getrübt wurde.

Ein ganz großes Dankeschön an Florence Lécuyer und Aurélie Aminian für die unablässige Unterstützung sowie an Laurence Maillet, die talentierte Grafikerin, und Hélène Lafin für ihr untrügliches Auge. Ohne sie beide wäre das Buch nicht das, was es ist.

Und danke an die Fluggesellschaft JAL, ohne die es nicht Wirklichkeit geworden wäre.

Ein großes Dankeschön an Japan Airlines (JAL) für die Unterstützung, die Reise zu realisieren.

Japan Airlines International Co., Ltd., Rossmarkt 15, 60311 Frankfurt, Tel. 069 – 13600, www.de.jal.com.

Ticketbuchungen und Kauf können Sie bei der JAL-Vertretung unter Tel. 0180 2 228 700 oder direkt online unter www.de.jal.com vornehmen.

JAL
JAPAN AIRLINES

Unser Verlagsprogramm finden Sie unter www.christian-verlag.de

Übersetzung aus dem Französischen: Helmut Ertl
Textredaktion: Silvia Rehder
Korrektur: Petra Tröger
Satz: Studio Fink
Umschlaggestaltung: Caroline Daphne Georgiadis, Daphne Design

Die Originalausgabe mit dem Titel *Japon cuisine intime et gourmande* wurde erstmals 2010 im Verlag Éditions de La Martinière – Atelier Saveurs, une marque de La Marinière Groupe, Paris, veröffentlicht.

Die Deutsche Nationalbibliothek verzeichnet diese Publikation in der Deutschen Nationalbibliografie; detaillierte bibliografische Daten sind im Internet über http://dnb.d-nb.de abrufbar.

Printed in China

ISBN 978-3-86244-070-2

Alle Angaben in diesem Werk wurden von der Autorin sorgfältig recherchiert und auf den aktuellen Stand gebracht sowie vom Verlag geprüft. Für die Richtigkeit der Angaben kann jedoch keinerlei Haftung übernommen werden. Für Hinweise und Anregungen sind wir jederzeit dankbar. Bitte richten Sie diese an:

Christian Verlag
Postfach 400209
80702 München
E-Mail: lektorat@verlagshaus.de